LES GUERRES DU PRÉSIDENT

Du même auteur

Petits Meurtres entre camarades
Enquête secrète au cœur du PS
Robert Laffont, 2010

Le Choc
New York-Solférino, le feuilleton DSK
avec Fabrice Rousselot
Robert Laffont, 2011

Valls, à l'intérieur
avec Laurent Borredon
Robert Laffont, 2014

DAVID REVAULT D'ALLONNES

LES GUERRES DU PRÉSIDENT

ÉDITIONS DU SEUIL
25, bd Romain-Rolland, Paris XIVe

ISBN 978-2-02-122293-7

www.seuil.com

Pour ma grand-mère

« La politique est plus dangereuse que la guerre… À la guerre, vous ne pouvez être tué qu'une seule fois. En politique, plusieurs fois. »

Winston Churchill

PROLOGUE

« La tentation de l'aventure extérieure »

C'était à l'automne 2012. À l'époque, sa cote de popularité avait déjà amorcé un vertigineux plongeon, confirmant le désamour précoce de l'opinion. Les premiers « couacs » avaient terni les atours de la nouveauté politique dont se parait alors ce gouvernement de novices, qui en vinrent rapidement à n'être plus considérés que comme des amateurs. La réorientation de l'Europe promise pendant la campagne n'avait pas eu lieu, et il apparaissait alors clairement qu'elle n'adviendrait jamais. Du moins, pas avec lui. Les plans sociaux se multipliaient partout en France, la course à la résorption des déficits budgétaires s'annonçait infiniment plus sinueuse qu'escompté, tandis que le recours à l'impôt dessinait déjà le furieux « ras-le-bol fiscal » qui éclaterait quelques mois plus tard. À peine six mois après son arrivée à l'Élysée, la popularité et la crédibilité de François Hollande s'écornaient à vive allure, comme peau de chagrin et comme aucun de ses prédécesseurs avant lui.

C'est à cette époque que le président nous avait confié la difficulté historique de résister à la « tentation de l'aventure extérieure ». Féru d'histoire politique, parfait connaisseur de celle de ses devanciers à l'Élysée, il savait pertinemment le dilemme qui avait taraudé ceux-ci : l'attrait de l'action diplomatique, incomparable échappatoire aux inextricables difficultés rencontrées sur un terrain économique et social qui, trop souvent, atteste de l'impuissance structurelle de l'exécutif. L'impérieux appel des opérations militaires extérieures, technique idéale d'évasion pour s'extraire du champ miné de la politique nationale. Avec le recul de l'histoire, cette référence à « l'aventure extérieure », à l'attrait de laquelle, pour sa part, il n'envisageait pas une seconde de céder en cet instant, paraît saisissante.

Quelques semaines plus tard, en effet, le président entrait en guerre. Pour n'en plus sortir. Ce furent, après l'opération Serval au Mali, les velléités de frappes – avortées – contre le régime syrien. L'opération de police militaire en Centrafrique. La participation à la coalition internationale agissant, en Irak, pour y réduire l'État islamique. Le maintien durable des forces françaises au Sahel. Les frappes contre Daech en Syrie, enfin. Et, bien sûr, le front intérieur, avec le déploiement de l'armée sur le territoire national après que le djihad, en janvier 2015, eut frappé au cœur de Paris.

François Hollande, incontestable chef de guerre ? Pour qui a suivi ses mésaventures et déboires politiques, l'affirmation pourrait presque prêter à sourire. Rien ne semble *a priori* plus étranger à ce président que le conflit. Et, *a fortiori*, l'affrontement armé. Parce qu'il ne s'était, avant 2012, jamais intéressé, de près ou de loin, ni à l'art militaire ni aux subtilités du jeu diplomatique. Et, surtout, parce qu'il est d'abord un politique tout en rondeurs qui rechigne au rapport de force frontal et lui préfère la méthode de l'esquive, de l'évitement, du contournement. Moqué pour sa pratique de la « synthèse molle » quand il présidait aux destinées du parti socialiste, fustigé pour son indécision et sa propension permanente à la temporisation depuis son élection à l'Élysée, l'homme du compromis et du consensus s'est pourtant révélé un chef des armées sans état d'âme. Projetant sans ciller les militaires français sur tous les fronts. Approuvant une politique d'éliminations ciblées sur les théâtres d'opérations. Déployant l'armée sur le territoire national. Élargissant comme jamais les possibilités d'action offertes aux services secrets, au-delà même de leurs espérances.

Tel est le mystère politique de ce président aux deux visages. Hésitant et réticent à la confrontation avec ses camarades ou ses adversaires politiques, cherchant en permanence à rassembler autour du plus petit dénominateur commun en matière de politique nationale ou d'économie. Mais dépêchant dans le même temps les forces spéciales ou délivrant quelques bombes à guidage laser, sans le moindre complexe et sans remords, dès lors que la situation, à ses yeux, l'exige. « Hollande est un tueur », nous dira l'un de ses anciens collaborateurs. Là se situe le véritable tournant de ce quinquennat. Pas dans le prétendu « virage » social-libéral de janvier 2014, ce fameux « pacte de responsabilité » présenté comme la preuve d'une conversion du socialiste à la politique de l'offre et de soutien aux entreprises : celui-là était au fond implicitement annoncé, tant dans le positionnement historique de François Hollande que dans l'évolution idéologique récente des socialistes. On le trouvera plutôt dans le saisissant glissement policier, militaire, sécuritaire du hollandisme à l'épreuve du pouvoir. À un degré que la gauche, sous le règne de Nicolas Sarkozy, n'aurait jamais pu envisager.

Qu'est devenu le hollandisme ? Où est passé le prudent social-démocrate des débuts du quinquennat, si modéré dans l'expression, si tempéré dans l'action ? Sur ces terrains-là, il s'est effacé au profit d'un chef de l'État aux décisions martiales et au verbe qui l'est tout autant. À cette étonnante métamorphose, plusieurs explications. La pression des événements internationaux et du risque terroriste intérieur, bien sûr. L'évolution personnelle d'un homme qui, à peine glissé dans le costume institutionnel que lui taille la Ve République, en a endossé les pouvoirs et le fonctionnement à une stupéfiante vitesse, comme ses prédécesseurs. Un système, aussi, que le président a organisé autour de ses « faucons », professionnels de la guerre, système dont il joue et se nourrit pour prendre des décisions qui, bien souvent, bousculent son état-major.

Les guerres du président, assurément, méritaient un examen détaillé. C'est le fondement de cette enquête, appuyée sur nombre de documents exclusifs et, au total, près de cinquante entretiens. Quatre m'ont été accordés par le chef de l'État[1]. D'autres par ses ministres régaliens : Manuel Valls, Jean-Yves Le Drian et Bernard Cazeneuve. À visage découvert, mais plus souvent anonymement, conseillers, responsables diplomatiques,

1. Entretiens réalisés les 28 février, 29 mai, 21 juillet et 25 septembre 2015.

militaires et policiers, anciens ministres, opposants de François Hollande, ou tout simplement observateurs avisés, m'ont par ailleurs patiemment répondu. L'ensemble dessine une surprenante histoire. Celle d'un président en difficulté, contraint de tirer le glaive et peu à peu persuadé que, par lui, il pourrait survivre. Et, aussi, celle de la naissance et de l'épanouissement d'une social-démocratie de guerre. « Je ne joue pas au petit soldat », nous confiera François Hollande. Pour le chef de l'État, la politique n'est surtout pas la guerre. Mais la guerre est décidément affaire trop sérieuse pour n'être pas d'abord politique.

CHAPITRE 1

L'entrée en guerre

François Hollande a ouvert les hostilités. Et le moins qu'on puisse dire, c'est que, hormis l'état-major, les troupes concernées sur le terrain et les quelques observateurs avisés qui suivent de près le dossier sahélien, le président a pris tout le monde par surprise. « On y va », a-t-il confirmé à Jean-Yves Le Drian, son fidèle ministre de la Défense, vendredi 11 janvier 2013 au matin. Quelques instants plus tard, un peu avant midi, il a formellement approuvé, devant le conseil de défense restreint réuni dans le salon vert de l'Élysée, le scénario préparé de longue date et affiné depuis quelques jours par les généraux afin de donner un coup d'arrêt aux katibas djihadistes qui tiennent le Nord Mali et qui, depuis plusieurs jours, semblent faire mouvement vers le Sud et ses grandes villes avec, en ligne de mire, Bamako, la capitale.

« On y va. » François Hollande a déclenché la guerre, pour la première fois au cours de son quinquennat. Aussi incroyable que cela puisse paraître, à l'époque, « le président a décidé : l'armée française va frapper », susurrent quelques heures plus tard les conseillers de l'Élysée, distillant aux journalistes les premières informations sur l'offensive en cours et les coulisses de la décision présidentielle. Dans les rédactions parisiennes, au sein des états-majors des partis et même chez les socialistes et les proches du chef de l'État, c'est sinon la stupeur, du moins l'étonnement. Qui l'eût cru ? « Flanby », ce vilain sobriquet dont l'avait affublé son meilleur ennemi au PS, Laurent Fabius, à l'époque où ceux-ci nourrissaient une féroce rivalité pour le leadership socialiste, Hollande le « mou », comme l'a méchamment surnommé Martine Aubry à l'époque des primaires socialistes, le « capitaine de pédalo », ainsi que le moque l'un de ses plus rudes adversaires à gauche, Jean-Luc Mélenchon, serait donc capable, contre toute attente, de déclencher la foudre sans ciller ?

Il est vrai que, jusqu'ici, le chef de l'État n'a que modérément impressionné par ses aptitudes au leadership et à la décision. Six mois après son arrivée, Hollande, après un relatif état de grâce de quelques semaines dans l'immédiat après-scrutin, est au plus mal. Au fond du trou politique, ou pas loin. Une demi-année à l'Élysée seulement, et il fait déjà l'amère expérience du pouvoir, d'autant plus rude qu'elle a tôt révélé la tragique impréparation du nouvel exécutif à la situation du pays et, de manière plus générale, à la gouvernance et à ses méthodes. Le voilà bel et bien dans la lessiveuse, lancée à plein régime. S'il ne nourrissait guère d'illusions, le président ne s'attendait pas à telle dégradation. Du moins pas aussi vite, ni aussi fort. Et encore moins à telle contestation de son autorité et de sa présidentialité.

L'affaire s'est considérablement dégradée au fil d'un premier été meurtrier. Il y a d'abord eu le tweet thermonucléaire de sa compagne Valérie Trierweiler lancé à sa rivale Ségolène Royal, un vaudeville politico-privé en forme de péché originel qui laisse d'entrée à penser que le nouveau président n'est même pas maître chez lui. Puis les images du chef de l'État en goguette et tenue estivale à Brégançon, avec sa compagne, sur la plage, au milieu des touristes, qui font d'autant plus mal qu'ils s'accompagnent, dans le même mouvement, d'une gigantesque vague de plans sociaux qui touche l'ensemble du territoire et aggrave rapidement les statistiques du chômage. Les indicateurs économiques sont catastrophiques, les perspectives d'un retour rapide de la croissance s'évanouissent. Pendant ce temps, le pouvoir semble en vacances, offrant le sentiment d'une vacance du pouvoir.

À peine quatre mois après la victoire, le quinquennat Hollande semble bien mal engagé. Dès août 2012, les premiers décrochages sondagiers sont vertigineux, qui couronneront bientôt « le président le plus impopulaire de la Ve République ». Quant au mantra rabâché par le gouvernement, celui du « redressement dans la justice », vocable technocratique signifiant une réduction à marche forcée du déficit budgétaire associée à une redistribution minimale en direction des ménages modestes, il ne se présente pas franchement comme le signe d'un dessein précis et mobilisateur, et ne convainc personne.

Où va donc François Hollande ? Déjà pointent les premiers traits de caractère présumés qui lui colleront au costume tout au long de ce quinquennat : propension à temporiser, difficulté à imposer, incapacité à trancher. Alors que se profilent les premières frappes sur le Nord Mali, le procès en indécision est d'ores et déjà instruit, la charge en impuissance politique bien installée. Pour l'équipe et les proches du président, quelque peu désespérés au terme de ces premiers mois de pouvoir, le feu des Rafale et des hélicoptères Gazelle qui va bientôt s'abattre sur les djihadistes ressemblerait presque à une divine surprise. Un démenti formel à tous ceux qui ont déjà enterré ce président et son gouvernement d'« amateurs ». Et un rappel à ceux qui l'auraient oublié que le président, aux termes de l'article 15 de la Constitution du 4 octobre 1958, « est le chef des armées ». Aussi faible soit-il politiquement, François Hollande reste solidement protégé par le bouclier des institutions de la Ve République, et il a déjà l'intention d'en faire plein usage. C'est le président qui décide de projeter les forces armées, et lui seul. On l'avait un peu vite oublié... La guerre vient de faire son irruption dans le quinquennat Hollande. C'est la première fois, mais pas la dernière. Elle ne le quittera plus, et en deviendra même, au fil des mois, un de ses éléments les plus structurants.

« Il faut aller plus vite », ne cesse-t-il de rappeler à son gouvernement à l'occasion des conseils des ministres, faisant monter la pression autant sur la production et l'adoption des textes de loi que sur l'obtention de résultats économiques sonnants et trébuchants. Mais cette fois, c'est lui qui a pris tout le monde de vitesse. Ses adversaires, qui n'en finissaient plus de gloser sur son apathie politique. Ses partisans, qui n'osaient plus espérer un sursaut montrant la capacité de leur champion à mettre en mouvement l'action publique de manière décisive. L'opinion publique française, laquelle peut légitimement être surprise par ce soudain accès belliqueux.

Oui, le président peut trancher et accélérer, et ses conseillers et autres *spin doctors*, dès les premières heures de l'opération, l'ont compris, qui ne vont pas se priver de le faire savoir et de tenter de mettre à bas l'image de mollesse et de lenteur qui caractérise leur patron. Mais avant même de devenir un objet et un vecteur de communication, l'allant inhabituel du président est une réalité, immédiatement constatable dans les réunions de préparation de l'intervention armée. Concoctée depuis plusieurs jours par l'état-major, la décision de lancer l'offensive contre les djihadistes du Nord Mali a été formellement actée lors du conseil de défense restreint qui s'est tenu à l'Élysée, le 11 janvier 2013. Autour de la table, outre son chef d'état-major particulier, le général Benoît Puga, ont pris place le Premier ministre Jean-Marc Ayrault, les ministres des Affaires étrangères et de la Défense, Laurent Fabius et Jean-Yves Le Drian, le chef d'état-major des armées, l'amiral Guillaud, et le patron de la DGSE, les services extérieurs, Erard Corbin de Mangoux.

L'exposé du ministre de la Défense, puis des généraux et du responsable des services secrets donne à François Hollande le détail du scénario élaboré : un assaut immédiat des forces spéciales venues de Ouagadougou, suivi des premières frappes aériennes plus en profondeur, conduites par la chasse basée à N'Djamena. Le dispositif est spectaculaire, destiné à faire mal à l'adversaire, mais aussi à frapper les esprits. Ceux des djihadistes bien sûr, de la population malienne et des opinions africaines aussi, mais encore des Français, des Européens, et à l'arrivée de la planète entière. Question d'image, d'honneur presque, pour François Hollande. Sans réserve, le « PR » approuve le dispositif, et conclut, solennel : « Je ne resterai pas inerte face à une offensive terroriste visant à faire du Mali un sanctuaire terroriste. Il en va de ma responsabilité. »

Quoique très formel, ainsi que le requiert l'usage, le propos présidentiel, tenu devant le sommet de la hiérarchie politique et militaire, est très explicite : Hollande entend « interdire dès maintenant la progression des rebelles sur les axes Konna, Mopti, Ségou et Léré, Diabali-Ségou en coordination avec les forces armées maliennes ». Pour ce qui est des moyens, « le détachement des forces spéciales de Mopti peut être renforcé et participer directement à la destruction offensive d'objectifs à sa portée et guider les frappes aériennes conduites par nos avions et nos hélicoptères ». En ce qui concerne celles-ci, « les hélicoptères des forces spéciales initialement déployés au Burkina Faso frapperont les rebelles dès que possible et peuvent être renforcés à partir de N'Djamena, les avions de chasse frapperont au plus tôt les objectifs rebelles repérés au contact comme dans la profondeur ».

« Dès maintenant », « directement », « dès que possible », « au plus tôt »… Le vocabulaire a beau être issu de la plus pure veine militaro-administrative, il n'en souligne pas moins, d'emblée, que les nécessités de la politique s'imposent aux militaires. Les mots du président sont ceux de l'urgence. Il est déjà clair, dans l'esprit de François Hollande, qu'il n'y a pas une minute à perdre : il faut frapper, fort, et pouvoir l'annoncer, vite. À charge pour l'état-major de s'adapter, quelles que soient les circonstances. Et le chef de l'État n'a pas l'intention de déléguer un pouce de ses prérogatives. Il entend suivre pas à pas la progression des forces armées sur place : le chef d'état-major des armées est chargé d'informer « immédiatement le président par l'intermédiaire de son état-major particulier des toutes premières destructions réalisées, ainsi que des actions entreprises ».

Quatre heures plus tard, les forces spéciales entrent en scène. Deux hélicoptères venus du Burkina Faso pour répondre à l'injonction présidentielle font feu sur des pick-up de djihadistes regroupés à Sévaré. Si un tir français atteint son objectif, les deux Gazelle essuient des rafales nourries de kalachnikovs, qui font mouche. L'un des appareils atterrit en catastrophe tandis que, dans l'autre, le copilote Damien Boiteux, atteint à la jambe, décède quelques instants plus tard des suites d'une hémorragie. Le bilan de l'assaut n'est pas flamboyant, et l'opération ne s'engage pas sous les meilleurs auspices. Mais l'armée a rempli sa mission : les missiles français ont détruit hommes et véhicules. Le président est en mesure d'annoncer en fin d'après-midi, au cours d'une courte allocution télévisée, que « les forces armées françaises ont apporté cet après-midi leur soutien aux unités maliennes pour lutter » contre des « éléments terroristes, venant du Nord, dont le monde entier sait désormais la brutalité et le fanatisme ». Il ne sera fait nulle mention dans le propos présidentiel de la mort du lieutenant Damien Boiteux, qui ne sera rendue publique que le lendemain. Pour assurer à la famille le temps d'un deuil minimal. Et aussi, sans doute, pour ne pas ternir si martiale et magistrale annonce.

Alors que l'armée française déplore son premier mort et qu'aux premières heures de la contre-offensive l'incertitude demeure quant à l'exacte réaction des djihadistes et la suite des opérations militaires, François Hollande, à en croire son entourage, demeure comme à son habitude d'un calme olympien. Politiquement logique pour un président qui vient de déclencher le tonnerre – en l'occurrence, le feu des forces spéciales… Car si ses conseillers s'empressent de le draper d'une toge jupitérienne, ils assurent également qu'il a conservé, en ces heures graves, l'impavidité qui sied aux grands personnages confrontés aux grandes situations. Il s'agit là, bien sûr, d'un storytelling relativement grossier quoiqu'efficace, à en juger par la couverture que fait la presse de l'événement : celle-ci, surtout dans les premiers jours de l'opération, brossera le portrait d'un Hollande enfin « présidentialisé » et résolument installé dans la posture du « chef de guerre ». Mais pas seulement : un animal politique à sang froid s'est révélé qui sait conserver son flegme en toutes circonstances. Un président qui ne s'énerve jamais, ou si peu, et camoufle systématiquement pensées et émotions derrière le masque d'une joviale indifférence.

Le chef de l'État a immédiatement été informé de la blessure mortelle du copilote de la Gazelle. Damien Boiteux est le premier militaire dans la mort duquel il a une responsabilité directe. Plusieurs militaires français avaient déjà été tués en Afghanistan depuis mai 2012. Mais ce n'est pas François Hollande qui avait ordonné leur déploiement. Pour la première fois depuis le début du quinquennat, il y a un mort sur la conscience présidentielle. Un de ses anciens conseillers à l'Élysée, qui l'a côtoyé ce 11 janvier, se souvient cependant d'un Hollande « très tranquille » pour sa première journée de guerre. Ce jour-là, il traverse l'avenue de Marigny pour se rendre à un pot organisé par des membres de son cabinet dans l'hôtel du même nom, une annexe du palais de l'Élysée. Sans une once de stress. « Il y est allé comme si de rien n'était, passant de table en table, sans rien laisser percevoir de la situation. Il était totalement zen, totalement cool », rapporte ce conseiller. Un peu plus loin, en retrait dans un couloir, le général Puga, son chef d'état-major particulier, donne des instructions au téléphone : « Il faut leur casser les reins ! » Si le président a déclenché ce qui va bientôt devenir l'une des plus importantes opérations militaires françaises depuis la guerre d'Algérie, c'est sans en avoir l'air…

Voilà pour les apparences. Car dans le secret de son bureau, le président, quelques heures après avoir déclenché l'opération, est sous pression. Dans la soirée, quatre Mirage 2000, qui ont décollé de N'Djamena, frappent des bâtiments occupés par les djihadistes et des dépôts à Konna. Tout au long de cette première nuit blanche, François Hollande suit les opérations à la seconde. Jean-Yves Le Drian en témoigne, lui-même surpris : « Il suit toute la nuit. Il veut savoir où on en est, partout, tout le temps. Quand je lui téléphone pour l'informer des avancées sur le terrain, je comprends qu'il a une carte devant lui sur laquelle il suit la situation ! Et quand je ne le rappelle pas toutes les deux heures, c'est lui qui rappelle… » François Hollande est rentré corps et âme dans la guerre. Et il va s'y plonger avec toujours plus d'intensité.

La parole est à la Défense

L'ironie de l'histoire, c'est que François Hollande n'a jamais voulu de cette guerre. Et l'allant présidentiel, à ce stade, étonne d'autant plus que sa position, jusqu'ici, n'avait pas varié depuis son élection. À maintes reprises, il l'avait assuré, répété, martelé : lui président, il n'y aurait pas d'intervention des troupes françaises seules sur le sol malien. Le président, qui entend marquer une rupture nette avec la Françafrique et souhaite par-dessus tout éviter de se voir taxé de velléités néo-colonialistes, n'a aucune envie d'opérer militairement, seul, dans l'ancien pré carré africain. La solution, à ses yeux, est diplomatique autant que militaire : il s'agit de mobiliser les armées africaines sous l'égide de la CEDEAO (Communauté économique des États de l'Afrique de l'Ouest), ainsi que l'Europe de la défense, pour reconstruire l'armée malienne et l'appuyer dans sa reconquête du Nord, le tout sous mandat de l'ONU. Pendant des mois, dans toutes les enceintes internationales et ses discussions bilatérales, il va ainsi s'échiner, en osmose avec le Quai d'Orsay, à atteindre cet objectif diplomatique aux allures de mission impossible. Mais la dégradation rapide de la situation au nord du fleuve Niger aura finalement conduit le président à céder aux insistantes sirènes des hommes de la Défense, au premier rang desquels le ministre et son cabinet, qui vont, au cours de cette période, affirmer leur poids politique au sein de l'exécutif. Et s'imposer comme une composante essentielle du nouveau pouvoir.

En ces premiers mois du quinquennat, l'hôtel de

Brienne, siège du ministère, et l'état-major des armées ont été essentiellement occupés par le retrait d'Afghanistan, la mesure phare en matière de défense portée dans le programme du candidat Hollande, au chapitre « porter haut la voix et les valeurs de la France dans le monde ». C'était le 59e (sur 60) du prétendant socialiste : « J'engagerai un retrait immédiat de nos troupes d'Afghanistan : il n'y aura plus de troupes françaises dans ce pays à la fin de l'année 2012. » C'est donc, fort logiquement, le dossier prioritaire du printemps et de l'été 2012. Ironie de l'histoire : alors que la principale promesse de campagne portait sur un désengagement, il décidera, six mois plus tard, l'une des plus importantes mobilisations de troupes depuis un demi-siècle…

Le dossier malien figure cependant en bonne place dans le viseur de l'exécutif. Les services de renseignement et l'état-major suivent de près, depuis des années, la dégradation continue de la situation de l'ancien Soudan français : la contestation historique et persistante des frontières issues de la colonisation par les mouvements touaregs du Nord ; le phénomène d'islamisation du Mali et l'implantation croissante des djihadistes algériens ; la jonction des groupes djihadistes, au premier rang desquels Al-Qaïda au Maghreb islamique (AQMI), avec l'irrédentisme touareg ; la faillite de l'État central, pourtant considéré comme un modèle de démocratie en Afrique de l'Ouest, corrompu jusqu'à la moelle, incapable de faire face à la menace de sécession du Nord et s'effondrant finalement sous l'effet du coup d'État militaire conduit par le capitaine Sanogo, le 21 mars 2012. En déroute, les forces armées maliennes fuient sans même combattre face à la poussée des indépendantistes touaregs du Mouvement national de libération de l'Azawad (MNLA). En quelques jours, ceux-ci s'emparent sans coup férir des trois régions au nord du fleuve Niger, celles de Tombouctou, Gao et Kidal. Avec, dans leur sillage, AQMI, donc, mais aussi Ansar Dine, le mouvement touareg et islamiste dirigé par Iyad Ag Ghali, et le Mujao, un groupe de djihadistes d'origine sahélienne. Très vite, les composantes djihadistes de la rébellion prennent le dessus, font main basse sur le mouvement et en expulsent le MNLA, chassé des grandes villes du nord du pays.

À son installation aux commandes, François Hollande, depuis le cockpit élyséen, peut donc percevoir précisément la gravité de la situation : un Nord Mali coupé d'un pouvoir central inexistant et incapable de résister militairement, entièrement livré aux djihadistes. Avec un risque de débordement vers le sud du Mali et la capitale Bamako, où résident 6 000 expatriés français, d'extension de la crise à toute la région sahélienne et, au-delà, de répercussions sécuritaires en Europe. L'affaire est prise au sérieux. Mais la position de l'Élysée et du Quai d'Orsay reste alors conforme à celle qu'avait précédemment portée Alain Juppé, l'ancien ministre des Affaires étrangères de Nicolas Sarkozy : pas un seul soldat français au sol.

L'option militaire avait bien sûr été envisagée sous le quinquennat précédent, mais elle n'a jamais été validée par Nicolas Sarkozy, essentiellement pour cause de campagne présidentielle. Gérard Longuet, ancien ministre de la Défense de Nicolas Sarkozy, en atteste : « C'est une opération qui était prévue. Mais Sarkozy ne nous a pas demandé d'intervenir car il était en pleine campagne électorale et il estimait qu'il était prématuré de prendre une décision qui serait coupée par cette campagne. Il y avait l'idée que la situation se dégradait, qu'il fallait faire quelque chose et se donner les moyens de ne pas être pris au dépourvu, mais la conjoncture ne le permettait pas. »

Le nouvel exécutif socialiste, lui, estime disposer encore du temps nécessaire pour forger une coalition dont la France ne serait qu'un élément, certes moteur, au milieu de forces maliennes et africaines, soutenue par l'Europe et parée par l'ONU des atours de la légalité juridique internationale.

Et François Hollande ne va pas ménager ses efforts pour y parvenir. Dès les premiers jours de son quinquennat, il s'active sur tous les fronts diplomatiques pour obtenir le déploiement des troupes africaines de la CEDEAO, la formation de l'armée malienne par les Européens et le soutien de l'ONU. Un scénario diplomatico-militaire à long terme. Car à l'époque, le président estime encore qu'il a du temps.

Dès les premiers sommets internationaux, avec Barack Obama à Camp David puis au sommet de l'OTAN à Chicago, en mai 2012, il a porté le dossier malien devant ses homologues. En septembre, il obtient la tenue d'une conférence Mali en marge de l'Assemblée générale de l'ONU à New York. Sans grand succès immédiat, même si la cause est désormais entendue. Le même jour, le ministre de la Défense Jean-Yves Le Drian rencontre à Chypre ses homologues européens pour les mobiliser. Une source à la Défense le rappelle : « Autour de la table, le ministre a constaté une consternation : qu'est-ce que c'est que cette histoire ? Qu'est-ce qu'on irait foutre en Afrique ? Quels sont les vrais intérêts des Français ? »

Même désenchantement côté africain : « On comprend très vite que la CEDEAO est incapable de faire quoi que ce soit, n'a pas un kopeck et qu'on est complètement seuls », confie un haut responsable de la Défense, qui assure n'avoir jamais envisagé sérieusement l'hypothèse d'une grande coalition internationale. Résultat : « On acquiert la conviction qu'il va falloir intervenir d'une manière ou d'une autre. Donc la machine se met en place. Et on commence à faire du renseignement et de la planification. » À charge pour le général Didier Castres, le sous-chef opérations, de préparer des plans de ciblage et différents scénarios d'intervention sur le terrain, avant de les présenter au ministre.

Toutes les options sont alors envisagées, depuis l'hypothèse d'une stratégie de *containment* (endiguement), appuyée par des intermédiaires africains, à une stratégie d'affrontement direct, jusqu'à la reconquête du Nord. Avec un sujet d'inquiétude majeure : le sort des otages détenus au Mali. « Est-ce qu'une opération, si elle devait avoir lieu, ne ruinerait pas nos chances de sortir nos otages du Nord Mali ? La conviction de chacun, c'est que les malheureux otages, s'ils étaient otages en temps de paix, le seraient autant et même plus en temps de guerre : ils deviendraient des éléments de plus grande valeur en cas de conflit », poursuit cette source.

Alors que le Quai d'Orsay s'échine toujours à mobiliser la communauté internationale pour bâtir et élargir une coalition, l'Hôtel de Brienne, fort logiquement, va pousser de plus en plus fort pour une opération extérieure des troupes françaises.

D'entrée de jeu, Jean-Yves Le Drian, à peine installé à la tête de l'appareil de défense, s'est montré séduit par le scénario d'une intervention directe. Il a présenté cette théorie au conseil de défense restreint du 31 mai 2012, le premier du quinquennat, et à cette occasion réduit en miettes la stratégie d'affrontement indirect adoptée sous Nicolas Sarkozy. « La stratégie Sahel mise en place par les autorités françaises en 2009 privilégie une approche globale et indirecte », avec « au plus bas niveau de visibilité la présence française militaire. Cette stratégie n'a pas atteint ses objectifs. Le Nord Mali est devenu un sanctuaire pour Al-Qaïda au Maghreb islamique et ses alliés qui menacent désormais l'ensemble de la sous-région et potentiellement notre territoire national ». Le nouveau ministre de la Défense, qui considère que « cette hypothèse de base mérite d'être revisitée » et que « le statu quo ne saurait être une option », a tout de suite préconisé de « ne pas laisser AQMI établir un sanctuaire terroriste hors de tout contrôle, à l'instar de ce qu'Al-Qaïda avait fait dans les zones tribales afghano-pakistanaises ». Et pour la première fois, la Défense propose au président le scénario d'un affrontement direct avec les djihadistes : « Briser le sentiment d'impunité et d'invulnérabilité d'AQMI conforté par la détention des otages, en portant un coup d'arrêt militaire à la progression d'AQMI, est une option à envisager. »

En ces premiers jours heureux du quinquennat, le président ne semble pas prêter vraiment attention à ce qui ressemble à une nouvelle marotte de son ministre. Mais au fil des mois, l'Hôtel de Brienne va affiner ses scénarios. Et accentuer la pression. Six mois plus tard, une nouvelle proposition est faite par l'Hôtel de Brienne au président lors de la réunion du conseil de défense du 31 octobre 2012. Jean-Yves Le Drian y envisage trois hypothèses. Celle du soutien indirect n'a décidément pas les faveurs du ministre : cette « option minimaliste », à l'en croire, « ne semble pas être à la hauteur pour que nous atteignions nos objectifs nationaux ». Mais il y a celle aussi d'un « appui plus direct » de l'armée française, avec des « frappes aériennes à partir des forces prépositionnées à N'Djamena », en l'occurrence des mirages, et la « fourniture d'une force de réaction rapide à partir des éléments des forces spéciales présents à Ouagadougou ». Celle, enfin, qui, en plus des moyens aériens évoqués dans l'option précédente, les « complète par un engagement direct au côté d'une force africaine pour s'emparer de la ville de Gao et créer ainsi une dynamique positive ». Le dispositif est ainsi calibré : 1 500 hommes dont environ 1 000 en provenance de France, déployés pour une durée d'un mois et un coût de 20 millions d'euros. On est bien loin du nombre de soldats qui seront finalement mobilisés et du coût qui sera supporté à l'arrivée… Mais le scénario est désormais envisagé, il est donc applicable, et « pourrait intervenir avant mars 2013 et le début des conditions météorologiques défavorables », en l'occurrence les grandes chaleurs et les vents de sable. C'est une option à considérer pour le président.

À l'époque, néanmoins, celui-ci, parfaitement en phase avec son ministre des Affaires étrangères, Laurent Fabius, reste catégorique dans ses déclarations publiques :

pas de troupes au sol. D'autant que, parallèlement, la campagne acharnée de la diplomatie française auprès des instances internationales, même menée aux forceps et, au départ, dans un climat d'indifférence quasi généralisé, a fini par payer.

Accepté à l'automne par les ministres européens des Affaires étrangères, le principe des EUTM (European Union Training Mission) est validé le 10 décembre, en dépit de quelques réserves, par les chefs d'État et de gouvernement du Conseil européen : ces unités de formation de l'armée malienne par des instructeurs européens seront chargées de structurer quatre bataillons. Et le 20 décembre 2012, le conseil de sécurité de l'ONU, saisi par l'Union africaine, adopte la résolution 2085, qui prévoit le déploiement de la MISMA, la force internationale. Après six mois d'efforts français, tout est donc en place sur le plan diplomatique. Au niveau militaire, en revanche, le début de la reconquête n'est pas envisagé avant plusieurs mois.

La dégradation de la situation au nord du fleuve Niger va pourtant sérieusement bousculer ce bel ordonnancement diplomatique, si patiemment et délicatement mis en place. Dans les derniers jours de 2012, l'armée et les services de renseignement constatent d'importants mouvements des katibas djihadistes, qui se rassemblent sur deux axes à une centaine de kilomètres au nord de Mopti, avant d'entamer, dans la nuit du 9 au 10 janvier, une descente vers la ville de Konna. Des déplacements inquiétants au regard de la débandade des forces maliennes et de la mobilité de ces 1 500 combattants équipés de pick-up, missiles sol-air et kalachnikovs.

Pour autant, ces unités menaçaient-elles réellement de conquérir à brève échéance le sud du Mali ou de s'emparer de Bamako, avec le risque de voir des milliers de Français et d'Européens pris en otage ? Très clairement, la menace militaire en ce 11 janvier justifiait-elle, pour les autorités françaises, le recours immédiat à la force armée ? Comme l'a montré Jean-Christophe Notin, spécialiste des opérations militaires, dans l'étude qu'il a consacrée à *La Guerre de la France au Mali*[1] et la conduite de l'opération Serval, « ce n'est pas sur la foi de preuves concrètes, mais sur un faisceau de présomptions [...] » qu'a été lancée celle-ci, le 11 janvier : « Si les colonnes de pick-up n'ont jamais été localisées, pourquoi le contraire est-il si souvent avancé ? Il ne faut pas croire à une volonté de travestir la vérité, mais sans doute de mieux la faire passer auprès du grand public. Une “colonne” de voitures suscitera toujours plus la crainte qu'un “nuage” ou des “agrégats” épars. Or la vérité est que, au moment de prendre leur décision, les autorités françaises n'ont disposé d'aucun élément tangible. Pas plus que les avions de reconnaissance, aucun satellite, français comme américain, n'a jamais pris de mouvement massif en flagrant délit. »

En résumé : la certitude du danger n'était pas absolue. Mais l'option d'une attaque française s'impose comme inévitable. À la Défense, l'affaire est tranchée : l'intervention directe relève de la nécessité stratégique. « Au fur et à mesure des captations, on a fini par acquérir la conviction qu'AQMI, le Mujao et Ansar Dine descendaient en direction de Bamako, rappelle Cédric Lewandowski,

1. Tallandier, 2014.

directeur de cabinet de Jean-Yves Le Drian. L'armée malienne avait peur, elle avait perdu à la fois le moral, la confiance, ses chefs et son matériel, qui avait été récupéré par des djihadistes armés, formés et prêts à mourir. Une fois passé le verrou de Mopti, la route du Sud était ouverte. Bamako était visé c'est une évidence. »

Le président, qui excluait la solution militaire il y a quelques jours encore, se résout donc, sous la pression des événements, à partir en guerre. Reste à assurer à celle-ci la couverture juridique minimale afin de conférer à l'opération les apparences de la légalité. Paris demande au président par intérim Dioucounda Traoré de rédiger un appel au secours officiel des autorités maliennes à l'intention de la France. Celui-ci lui parvient le 10 janvier. Dans la foulée, le conseil de sécurité de l'ONU, s'il ne formule pas de résolution spécifique, appelle les États membres à voler au secours de l'armée malienne en déroute. Le décor diplomatique est planté. Ne reste plus qu'à lancer les forces spéciales.

Du point de vue de François Hollande, le changement de braquet est spectaculaire. Mais le président le justifie très simplement : il n'avait pas le choix. « Il s'agissait, dans un premier temps, d'une opération de *containment* : marquer une forme d'empêchement, de protection face à une possible incursion, explique-t-il. Les armées françaises et les services de renseignement ne pensaient pas que les cohortes des rebelles coalisés allaient franchir cette ligne, établie de manière théorique. Or les djihadistes l'ont bien franchie. S'ils n'avaient pas fait cela, il n'y aurait pas eu d'intervention. » Mais au-delà de la réactivité politique à une situation militaire jugée problématique, la décision signe également l'influence croissante, dans la petite géopolitique de l'exécutif, du ministre de la Défense, au détriment du patron de la diplomatie française Laurent Fabius. Jean-Yves Le Drian avait porté le dossier de l'intervention au Mali. Il l'a finalement emporté, au fil de la dégradation de la situation sur le terrain et de la quasi-indifférence internationale dans laquelle Paris se débat depuis des mois. Autant par nécessité stratégique que par opportunité politique, le président a donné la parole à la Défense et aux militaires. Et très rapidement, c'est lui qui va les mettre sous pression.

« À la pince à épiler »

Le président, à l'évidence, est en ordre de bataille. Pour sa première épreuve du feu, il a pu éprouver la solidité et la réactivité de la chaîne de commandement militaire. « Ça a stupéfié le monde de la défense, vante un haut responsable du ministère. Quatre heures après le feu vert du président, les armées étaient au combat : une chaîne de décision presque unique au monde sur la capacité d'engager le feu. Même les Américains étaient extrêmement étonnés de cette réactivité, qui n'existe pas chez eux avec cette force-là. » François Hollande, en la découvrant, a-t-il été lui-même surpris de la puissance qu'il détenait entre ses mains, de la rapidité avec laquelle ses décisions étaient appliquées sur le terrain ? Quoi qu'il en soit, quelques heures après avoir appuyé sur le bouton, il a pu apprécier l'importance des dégâts causés par l'assaut des forces spéciales, et surtout par les premières frappes opérées par la chasse française. Cela l'aura certainement conforté dans l'idée qu'il dispose enfin, dans l'appareil d'État, d'une administration efficace, placée sous ses ordres immédiats, et qui applique ses directives sans sourciller. Loin des résistances et des blocages opposés à ses choix de politique économique par les hauts fonctionnaires de l'administration de Bercy, direction du Trésor en tête. Mais cela aura également renforcé la confiance qu'il sait pouvoir placer en son état-major, qu'il va, dans les premières semaines de l'opération, solliciter sans modération, et en faisant peser sur lui des exigences de plus en plus précises. De la même manière qu'il met sous pression ses ministres, mis en demeure d'obtenir sans délai des résultats économiques immédiatement constatables par tous, sans succès pour le moment, François Hollande, à peine les premiers missiles tirés et les premières bombes larguées, va bousculer la haute hiérarchie militaire et lui imposer des buts de guerre exponentiels. Au quai d'Orsay, un diplomate en témoigne : « Il va pousser au cul les militaires pour que ça aille vite. Il est assez impatient et fixe des objectifs toujours plus ambitieux. »

François Hollande, d'abord, veut taper fort. Faire mal, et cela vaut d'abord pour les pertes humaines et les destructions matérielles infligées à l'ennemi. Il l'a indiqué sans ambages depuis Dubaï, deux jours après le premier assaut : « Que faire des terroristes ? Les détruire, a ajouté le chef de l'État. Les faire prisonniers, si possible. »

Il n'est plus question de *containment*. Il le confirme aujourd'hui sans fard : « L'ordre que j'avais donné était de faire prisonniers les terroristes si on le pouvait. Mais si on ne le pouvait pas, l'action est engagée. » Le président les veut morts ou vifs. En réalité, il les veut surtout morts, et en grand nombre.

Au cours des conseils de défense, qui se tiennent chaque jour à l'Élysée dans les premiers jours de la guerre, perce en permanence, sous les instructions précises données en ce sens aux généraux, la volonté présidentielle de dévaster l'adversaire. Le 12 janvier, regrettant, malgré le coup d'arrêt marqué par les premières interventions armées, que celles-ci n'aient pas occasionné davantage de dégâts « aux assaillants », le président recommande ainsi d'« infliger des pertes les plus importantes possible aux groupes terroristes, en neutralisant leur capacité offensive et en enclenchant la reconquête du Nord Mali ». En résumé, il faut « frapper les terroristes le plus fort et le plus vite possible » : « Tous les moyens doivent être très rapidement mis en œuvre pour infliger des pertes lourdes aux groupes terroristes, y compris dans leurs repaires de Tombouctou et Gao, et en ciblant les sites de commandement lorsque c'est possible. »

Le lendemain, le 13 janvier, il se montre plus insistant et plus précis encore : « Les frappes contre les groupes terroristes et contre leurs moyens de commandement et de logistique clairement identifiés sont autorisées sur l'ensemble du Nord Mali. » Feu à volonté ! Les forces françaises ont quartier libre, ou du moins, permis de tuer. Dans l'esprit du président, les premiers jours de guerre doivent être en grande partie consacrés à la réduction des capacités offensives de l'ennemi. « Une campagne de quinze jours à trois semaines est envisagée pour atteindre l'objectif d'affaiblir fortement les groupes terroristes, mais un effort initial doit être marqué d'emblée », indique-t-il à l'appareil de défense. Un haut gradé résume la philosophie de l'opération, tôt fixée par le président : « Arrêter, reprendre, éliminer. » Mais il s'agit pour l'heure, surtout, d'« éliminer »… Un travail de nettoyage massif à coups de missiles Hot et de bombes A2SM et GBU12, assumé sans le moindre complexe par François Hollande.

Si le président, en cette période de démarrage des hostilités, entend frapper puissamment, il ambitionne aussi d'avancer rapidement. Beaucoup plus, en tout cas, que ce qu'avait imaginé l'état-major. « Il faut aller plus vite », ne cesse-t-il d'indiquer au général Benoît Puga, son chef d'état-major particulier (CEMP). « Il faut aller plus vite : que pouvez-vous faire pour gagner du temps ? » demande-t-il constamment au chef d'état-major des armées (CEMA), l'amiral Guillaud. Ce que le général Puga, dans son langage fleuri, retranscrit à l'adresse de la hiérarchie militaire : « Le président l'a dit : il faut les choper au colback ! »

Cette obsession de la vitesse est rabâchée quotidiennement par François Hollande, qui ne cesse de pressurer ses généraux pour qu'ils assurent à la fois une arrivée massive et aussi rapide que possible, sur le plan logistique, des troupes françaises à Bamako et dans le même temps une avance substantielle de celles-ci sur le terrain. « Plus vite les groupes terroristes seront fortement affaiblis, plus vite le meilleur des forces armées maliennes sera capable de restaurer l'intégrité du territoire national », estime-t-il lors du conseil de défense du 13 janvier. S'il n'est pas question de se faire voler la vedette sur le théâtre sahélien par Washington, le soutien de l'armée américaine est envisagé, surtout s'il n'est pas trop voyant :

« L'appui des Américains peut être sollicité en termes de transport aérien logistique s'il permet d'accélérer la mise en place des forces nécessaires à la réussite de l'opération et à condition qu'il s'inscrive comme une contribution parmi celles que nous recevons de nos alliés », indique le président.

Le matin même, quatre Rafale partis de la base de Saint-Dizier ont largué leurs bombes sur des objectifs ennemis avant de gagner N'Djamena.

Après des mois d'une campagne de longue haleine pour rassembler une coalition africaine et européenne autour d'une intervention française, la France a désormais, dans le feu de l'action militaire, l'intention de jouer pleinement de la position du cavalier seul qu'elle occupe depuis le 11 janvier. C'est que le temps presse, et le président s'en agace ouvertement lors du conseil restreint du 16 janvier : « Le temps est notre adversaire. L'unanimité du soutien international et du consensus national va s'éroder. Les pesanteurs de l'action en coalition vont progressivement nous contraindre. Notre position de précurseurs est une chance dont nous devons tirer parti pour poursuivre et intensifier notre action dans les prochains jours. »

François Hollande assigne donc à l'armée des impératifs précis : « Les forces françaises, en liaison avec les forces maliennes encore opérationnelles, agiront rapidement sur Diabali et Konna » et « conquerront ensuite au moins une grande ville symbolique du Nord Mali, Tombouctou ou Gao ».

Le président attend des succès instantanés sur la ligne de front, donc, là où ont eu lieu les premiers engagements. Mais aussi bien au-delà, à plusieurs centaines de kilomètres du front, en direction des grandes villes du Nord. La reconquête est ici moins conçue comme une nécessité stratégique que comme un impératif politique et diplomatique. Elle n'en demeure pas moins impérative, afin de marquer les avancées des troupes françaises tant sur les cartes de l'état-major que dans l'esprit des Français. Le président exige des « symboles », des signes extérieurs et éclatants de victoire. Des prises de guerre indiquant indéniablement que celle-ci est en passe d'être gagnée, sinon à court terme, du moins de façon inéluctable. Et il les veut sans tarder : Gao par exemple, première grande ville du Nord. Le général Puga, principal conseiller militaire du chef de l'État, a consulté l'état-major. Il l'annonce à François Hollande : « Le 15 février, nos troupes seront à Gao. » « Plus vite », répond une fois encore le président, qui fixe la date du 1er février…

Le 16 janvier, le président formule officiellement ce nouveau but de guerre devant le conseil de défense : il ordonne de « préparer la prise de Gao pour le 1er février ». Sur la ligne de front, « Douentza doit être le prochain objectif d'ici la fin de la semaine prochaine […] afin de symboliser la poursuite de notre poussée offensive », indique François Hollande, qui le rappelle une fois encore : parallèlement à ces deux objectifs, il s'agit toujours d'infliger le maximum de dommages à l'ennemi et de « frapper le plus régulièrement possible les groupes terroristes dans la profondeur afin de les désorganiser et de leur interdire le repli dans leurs refuges ». Dans le même temps, Hollande préconise de « neutraliser les éventuels appels à la négociation avec les groupes terroristes ». Pas de discussion possible : le président et son armée veulent leur guerre, et il n'est pas question qu'une quelconque tentative de tractation avec telle ou telle fraction de la rébellion djihadiste tente de les en éloigner…

La pression sur l'état-major monte encore d'un cran à l'occasion du conseil du 21 janvier, au cours duquel le président, une nouvelle fois, s'exaspère : « Comme c'était prévisible, les contraintes politiques et juridiques se renforcent et rognent progressivement la liberté d'action que nous a donnée notre initiative d'un engagement militaire rapide. Il nous reste un créneau d'une douzaine de jours pour atteindre les objectifs fixés : la saisie d'au moins un objectif symbolique au nord du Mali, qui chasse l'idée d'une partition de fait du pays, et la réduction forte du potentiel des groupes terroristes avant que ceux-ci ne se dissolvent et nous échappent. » En conséquence, « le rythme de l'offensive […] doit être maintenu pour saisir toute opportunité d'accélérer vers le nord, en particulier vers Tombouctou », dont la conquête doit être faite « dans les meilleurs délais ».

La France n'en est qu'à dix jours de guerre seulement, et l'état-major a déjà sur son tableau de marche l'obligation d'assurer non seulement un recul instantané et significatif du front, mais également, à très court terme, la reprise des deux grandes villes du Nord. Or, si Gao correspond à une nécessité militaire, Tombouctou, elle, est bien un objectif politique, hautement symbolique. Le sort de la mythique cité, qui a vécu le martyre sous le règne de la charia, entre incendie de milliers de manuscrits et destruction des mausolées, lapidations et mutilations, a ému le monde entier. Sa délivrance ferait évidemment date, et François Hollande l'a tout de suite indiqué à l'état-major. « Il faut prendre Tombouctou, a dit le président. Donc on a fait Tombouctou », rapporte un participant.

L'allant présidentiel se heurte logiquement aux préventions des militaires, qui savent les difficultés logistiques de la mise en place de la force nécessaire, mais redoutent aussi les dangers encourus par leurs hommes. « Ça discutait beaucoup jusqu'où il fallait aller, se souvient un officier. Stopper l'offensive djihadiste, très bien. Reconquérir le Nord, en revanche, ça se discutait. Il y avait de vraies inquiétudes logistiques et opérationnelles. Beaucoup de militaires étaient sceptiques devant la tentation de pousser très vite l'avantage. »

L'amiral Guillaud fait valoir ces réserves. Mais le patron, c'est le président, comme le rapporte un général : « Le président avait compris que le rapport de force était en notre faveur, et que les types d'AQMI, avec leurs Toyota, n'allaient pas arrêter l'armée française. Il estimait qu'il y avait besoin de maintenir un rythme, de ne pas laisser le temps à l'adversaire de se replier, alors que le chef d'état-major des armées mettait en avant des raisons de prudence et d'organisation, tout à fait légitimes. Mais celui qui avait la main, c'était le président. »

En quelques jours, les forces spéciales, fer de lance de la reconquête, filent vers le nord sur les pistes de latérite. Direction : Diabali, puis Sévaré et finalement Gao, où ils sont rejoints par les parachutistes. La ville est prise le 25 janvier. Trois jours plus tard, c'est au tour de Tombouctou, où sautent les parachutistes, rejoints par le 21e RIMa. C'est la première fois depuis la mythique opération de Kolwezi, au Zaïre, où le 2e REP avait plongé en mai 1978 afin de libérer des otages européens capturés par des rebelles katangais dans la cité minière. Comme un retour aux grandes heures de l'armée d'Afrique, la légion a sauté sur Tombouctou…

Le chef de l'État serait-il saisi par l'ivresse de la guerre ? Force est d'en convenir : s'il ne peut que s'exaspérer de l'absence de résultats immédiatement constatables sur le front de la croissance, de l'emploi, du chômage ou de la réduction des déficits, il est un terrain sur lequel François Hollande en a obtenu de spectaculaires, c'est celui de l'opération Serval. D'où le désir forcené et assumé de capitaliser politiquement sur celle-ci. Un membre de la cellule diplomatique de l'Élysée confirme : « Le président avait demandé, au début de Serval, à ce que le front recule très vite, plus vite que ce que proposait l'état-major, pour déstabiliser les groupes, provoquer un élément de panique et repousser les terroristes loin de Bamako. En gros, c'était : on avance, et la logistique suivra… » À charge pour l'état-major d'organiser l'incroyable ballet logistique qui, entre la France, Abidjan et Bamako, ne cessera plus pendant des mois. François Hollande met lui-même la main à la pâte, qui téléphone quotidiennement à ceux de ses homologues, européens ou africains, qui n'auraient pas encore fourni ce qui leur est demandé, troupes ou matériels…

De fait, la coalition se met en place, à petits pas. Les alliés canadiens et anglais fournissent des avions de transport, les Américains du rassemblement satellitaire et un drone, des formateurs prévus pour encadrer l'armée malienne arrivent bientôt d'Espagne, de République tchèque ou de Belgique. Les troupes africaines se mettent elles aussi en place, au premier rang desquelles l'armée tchadienne, la plus solide de la zone, qui a déjà investi la ville de Menaka. S'il a été bousculé par l'accélération de l'offensive djihadiste, le travail de préparation diplomatique mené depuis des mois, en posant les bases de l'alliance anti-djihadiste, a posé les bases d'une suite politique aux opérations militaires.

Deux ans plus tard, le président, pour sa part, assume d'avoir bousculé l'état-major : « Ce que je voulais, c'était aller vite. Il y avait des délais qui me paraissaient très longs, trop longs. Les deux villes de Gao et Tombouctou me paraissaient des signes tangibles de la reconquête et de la victoire. Ce n'est pas facile de dire à nos militaires qui font un travail extrêmement précis et dangereux d'aller plus vite. Mais il fallait marquer très promptement l'occupation des villes principales. » D'après une célèbre maxime attribuée à Clemenceau, « la guerre est une chose trop grave pour la confier aux militaires ». Dans l'esprit du président Hollande, c'est pour cette raison qu'elle constitue d'abord une question politique. Comme Nicolas Sarkozy en septembre 2011 à Tripoli et Benghazi, le président, une fois le trophée de Tombouctou conquis, se rend sur place le 2 février afin de récolter sur le sol malien les fruits de son triomphe militaire. Sur la place de l'Indépendance de Bamako, il célébrera d'ailleurs, lui d'ordinaire si rétif à toute expression de ses émotions, « la journée la plus importante de [s]a vie politique »…

Tombouctou et Gao reprises et les premiers signes de la victoire en marche affichés, l'intervention entre dans une nouvelle phase. L'opération coup de poing s'achève, place au ratissage et au nettoyage. « On s'installe dans la guerre», se rappelle Jean-Yves Le Drian. En trois semaines, les troupes engagées sont passées de 550 à 3 500 fin janvier. Les effectifs de Serval, à leur apogée, s'élèveront à 5 200 hommes... Car François Hollande n'entend pas s'arrêter là. Un des proches du ministre en atteste : « Le président était très clair : dès les premiers jours, l'objectif n'était pas seulement de reconquérir Tombouctou et Gao. Nous savions que nous partions pour une affaire au long cours. La question d'interrompre le parcours des armées a donc vite été résolue. C'est à partir de là que va se décider l'opération reconquête. »

Après avoir donné un sévère coup de pied dans la fourmilière djihadiste, le président entend « nettoyer » le terrain où ceux-ci semblent s'être éparpillés. Si l'armée estime avoir « neutralisé » quelque 200 combattants au cours du premier mois de Serval, le reste des quelque 1 500 djihadistes s'est égayé entre la région de Gao, les pays voisins et l'Adrar des Ifoghas, zone montagneuse située dans le Nord-Est malien, du côté de la frontière algérienne, qui en aurait accueilli un demi-millier. Après la prise de Kidal, la grande ville de l'extrême-nord désertique située à 350 kilomètres de Gao, atteinte le 29 janvier par les forces spéciales, ordre est donc passé de ratisser l'Adrar. Un mois après le déclenchement de Serval, le plan de l'état-major des armées est désormais « d'éviter le développement d'un sanctuaire à nos portes. L'objectif militaire est de neutraliser durablement les groupes armés djihadistes sans tomber dans le piège de l'enlisement et de la dialectique Occident contre Monde musulman ». Parmi les « critères impératifs de succès », l'obligation de « limiter la dispersion des groupes terroristes et briser leur organisation », ainsi que la « désorganisation des réseaux qui peut passer par l'élimination des chefs ». En clair, l'élimination des HVT, les *high value target*, cibles prioritaires, chefs de katibas ou responsables des prises d'otages. Ce que le général Puga, en réunion, a résumé à sa manière, bien à lui : « On les extrait avec une fourchette à escargots. Et après, on termine à la pince à épiler ! »

Le 2 février, la chasse française ouvre le bal. Pendant deux mois, Rafale et Mirage largueront des dizaines de bombes sur l'Adrar, pendant que l'armée de terre s'emploiera à le nettoyer pied à pied. Un massif particulièrement piégeux, truffé de grottes, que les unités combattantes arpentent par 45 degrés à l'ombre, face à des combattants acharnés, prêts au martyre et déterminés à se faire exploser.

« Nous étions très interrogatifs sur l'endroit où les djihadistes s'étaient repliés et nous faisions des hypothèses, raconte le président. Même s'ils avaient subi des pertes significatives, il ne fallait pas laisser d'endroits ou de poches. D'où la décision d'aller dans le massif des Ifoghas, où nous sommes restés assez longtemps pour faire un travail de nettoyage. Nous n'avons pas retrouvé les otages, mais énormément d'armes et de matériel caché là. C'était bien là que leur centre opérationnel et logistique était situé. » Plusieurs dizaines de djihadistes, dont plusieurs HVT, seront donc « neutralisés », des dizaines de caches logistiques, des tonnes d'armes, des centaines de litres d'essence trouvées et détruites. Les combats seront également meurtriers pour les Français. Les Tchadiens, associés au nettoyage de l'Adrar, paieront un tribut plus lourd encore.

Au printemps, le gros de la mission peut être considéré comme effectué. Les djihadistes, s'ils n'ont pas été détruits, ont perdu plus de 400 combattants, et se sont éparpillés. L'intégrité du Mali est rétablie *a minima*, même si les « terroristes » continuent à mener régulièrement des actions coup de poing et si le problème historique de l'irrédentisme du Nord demeure. Près de 6 000 soldats africains ont été déployés, et un processus électoral peut s'enclencher pour redonner au Mali des autorités légitimes : en août, Ibrahim Boubacar Keïta est élu président. Comme George Bush annonçant que la guerre en Irak est « finie », comme Nicolas Sarkozy proclamant la « libération » de la Libye en septembre 2011, François Hollande, à la cérémonie d'investiture du nouveau chef de l'État malien, en septembre 2012, peut vanter un « aboutissement ».

Pour Paris, la mission est accomplie. Succès militaire, soutien diplomatique de la communauté internationale, et suite politique permettant l'installation d'autorités locales légitimes : « Le Mali, c'est la *success story* la plus absolue, s'enflamme un proche de Jean-Yves Le Drian. C'est l'inverse de la Libye », où la chute de Kadhafi, en partie provoquée par les frappes de la coalition internationale, au premier rang de laquelle la France, avait dégénéré en chaos.

L'armée française, en particulier, a puisé dans l'aventure malienne un motif de fierté après l'épisode douloureux de l'Afghanistan. « Il y a eu une forme d'euphorie politique et militaire, témoigne un officier. Notamment pour l'armée de terre, qui a mené une opération d'envergure, sous un climat et sur un terrain très hostiles. Les militaires étaient ravis : alors qu'ils sentaient de la défiance de la part de ce gouvernement de gauche, là, le pouvoir politique leur tressait des lauriers. »

En opposition avec le projet de mariage pour tous, pas franchement du goût de nombre de militaires, en lutte pour obtenir une augmentation des crédits budgétaires de la Défense, l'armée, avec cette opération qui aura coûté au total près de 650 millions d'euros, selon la Cour des comptes, se réconcilie avec le pouvoir socialiste. En recourant aux forces spéciales, en assurant la coordination avec la chasse et le renseignement, mais aussi le retour en force de l'infanterie, l'opération Serval, guerre moderne et asymétrique par excellence, aura constitué « l'onguent, le baume qui [aura] soulag[é] une armée meurtrie par l'épisode afghan, qui en avait gardé le sentiment que la nation l'avait un peu abandonnée. Ce que va offrir le Mali, c'est un engagement extrêmement valorisant, une réussite exceptionnelle, suivie six mois plus tard par une élection présidentielle », témoigne toujours ce proche du ministre de la Défense. Les militaires savent désormais qu'ils peuvent compter sur François Hollande. Et réciproquement.

Opération Restore Hollande

Si les opérations militaires peuvent être considérées, à la fin de l'opération Serval 1, à l'été 2013, comme rondement menées, force est de constater qu'il en a été de même pour la communication de l'exécutif qui les a accompagnées. Le président, déjà contesté et attaqué de toutes parts, a bien sûr compris tout le bénéfice politique qu'il y aurait à s'installer le plus durablement possible dans la posture du chef des armées, position consensuelle et régalienne qu'il n'avait jusqu'ici pas réussi à occuper. Avec le recul, naturellement, il s'en défend. « Je n'ai pas fait comme Mitterrand pendant la guerre du Golfe avec des interventions régulières. J'aurais pu faire le point sur la guerre au Mali toutes les semaines. Mais cela n'avait pas de sens. »

François Hollande n'a certes pas souhaité feuilletonner. Mais il a, dès l'origine, saisi tout l'intérêt politique qu'il avait à incarner en personne la conduite des opérations. Et ce, dès les premiers conseils de défense relatifs à l'opération Serval. C'est le cas lors de la réunion du 16 janvier, à l'issue de laquelle le président décide que « la communication sera plus offensive et positive ». Ses consignes : « Montrer que nous avançons, que l'action se déroule comme prévu » ; « éviter les détails pouvant brouiller le message principal » ; « ne pas faire état des objectifs militaires » ; « souligner que nous ne sommes pas seuls au Mali, que nous sommes les premiers ». C'est encore et toujours le cas lors du conseil de défense du 21 janvier, à l'issue duquel le chef de l'État, pour le moins attentif à cet aspect de son action au Mali, précise sa pensée : « Sans se laisser enfermer dans une communication objective et de détail tactique, qui ne manquera pas d'être mise à mal par les nombreuses informations contradictoires et parcellaires dues à la forte présence médiatique sur le terrain, la communication sera positive et soulignera l'élan de l'intervention, la progression des forces. »

« L'élan » et « la progression » : comment ne pas voir, dans cette volonté forcenée de souligner la dynamique ascendante des troupes françaises, une métaphore de la trajectoire qu'il tente d'impulser à une présidence encalminée ? Un de ceux qui assuraient à l'époque sa communication le confirme : « Il fallait communiquer sur le fait que le président l'avait fait, et bien fait. » L'art de la guerre, la ruse de la com...

Dans sa forme et par les mots utilisés, cependant, l'opération Restore Hollande qui a accompagné l'intervention et la progression des troupes françaises a démontré un indéniable durcissement lexical, qui tranche avec un vocabulaire d'ordinaire plus cotonneux. Dès les premiers jours, on a bien fait « la guerre au terrorisme », exacte traduction de la *War on Terror* déclenchée par George Bush au lendemain des attentats du 11 septembre 2001. Il s'agit de « détruire » l'ennemi, comme l'indique François Hollande, voire de l'« éradiquer », ajoute Jean-Yves Le Drian. Vocabulaire martial et même belliqueux totalement assumé par l'Élysée. Un des ténors de la cellule diplomatique de l'Élysée défend cette ligne délibérément guerrière : « On n'allait pas faire une communication de centre gauche sur un truc comme ça ! » Et le président lui-même ne regrette rien : « J'ai envoyé les militaires pour faire la guerre avec l'armée malienne contre des groupes terroristes. Oui, c'était une guerre, une guerre contre les terroristes du Nord Mali et le terrorisme. »

Mais c'est surtout le ministre de la Défense Jean-Yves Le Drian et son équipe qui, après avoir obtenu gain de cause, vont capitaliser au maximum sur l'opération Serval en vertu d'une offensive de communication massive. Le ministre était apparu au grand public au lendemain du déclenchement des opérations, à l'occasion de sa conférence de presse où il avait détaillé celles-ci. En quelques semaines, il va s'imposer comme l'une des pièces maîtresses du dispositif hollandais, en particulier grâce à un verbe aussi musclé que ses troupes sur le terrain. « Détruire », « éradiquer », « nettoyer » : on est bien loin des prudences traditionnelles du registre hollandais sur le terrain de la politique intérieure. « Face à ce qu'on voyait, il n'y avait pas 36 solutions, pose crânement Le Drian. C'était nous ou eux. Si on ne les combat pas, ils nous attaquent. C'est aussi blanc et noir que cela. »

Sacha Mandel, le redoutable conseiller en communication du ministre, venu de l'agence Havas, résume la philosophie de l'offensive : « On n'allait pas passer par des expressions imbitables ou du technolangage comme en Afghanistan, où on parlait de lutte coercitive contre les insurgés… Non. À un moment, il fallait dire les choses. Guerre, ça situait le niveau d'enjeu, ça mettait en tension l'opinion et ça prévenait qu'on allait avoir des morts. C'était une façon de toucher le cortex plus vite, de frapper l'opinion. La vraie innovation, c'est qu'on a utilisé le mot "guerre", pour la première fois en France depuis la guerre d'Algérie. C'est la guerre décomplexée. » Un Blitzkrieg de com, soutenu par un service après-vente massif de l'opération Serval, avec bataillons de journalistes *embedded* et images de combat fournies – et, bien sûr, soigneusement choisies – par l'armée, qui permet à Jean-Yves Le Drian de voler durablement la vedette au patron de la diplomatie française, Laurent Fabius. De mettre un pied en Afrique, où il n'aura de cesse d'étendre son domaine d'influence. Et de s'imposer, contre toute attente, comme l'un des poids lourds du gouvernement.

Depuis le quai d'Orsay, un diplomate en témoigne : « Ils se sont jetés sur cette guerre. À partir du moment où ils avaient décidé de la mener, ils ont tout fait pour en tirer le maximum de bénéfices et donc de mettre des mots très puissants sur ce qui était en train de se passer. C'est aussi parce qu'il y a eu ces mots que Le Drian existe. »

Au terme de sa première opération extérieure, François Hollande, au-delà du crédit militaire et diplomatique qu'il a incontestablement gagné aux yeux de la communauté internationale, n'a fait qu'enrayer un temps, sur le terrain de la politique française, son irrésistible effritement sondagier, qui reprendra quelques semaines plus tard. Il n'est toujours pas parvenu, pour l'instant, à inverser son image, structurellement déficitaire aux yeux des Français. Mais il sait désormais qu'il peut décider de la guerre, qu'il peut compter sur un ministre et un solide appareil de défense pour la mener. Et surtout que, pour la première fois de son quinquennat, il peut obtenir des résultats.

CHAPITRE 2

À droite de Washington

Ce ne sont « que » seize missiles de croisière Scalp. Mais François Hollande, deux ans plus tard, en reste persuadé : s'ils avaient atteint les cibles fixées par l'état-major, ils auraient changé le cours de l'histoire. Et, sans doute, celui de sa présidence. En ce mois d'août 2013, huit mois après le Mali, le président, décidément de plus en plus porté sur la chose militaire, s'apprête à déclencher une nouvelle guerre. Le chef de l'État l'a décidé : il faut punir le régime de Bachar el-Assad après le massacre à l'arme chimique perpétré le 21 août 2013 à la Ghouta, dans la banlieue de Damas.

Depuis plusieurs mois, l'hypothèse d'un usage d'armes chimiques par la dictature syrienne, dans l'impitoyable guerre civile qui l'oppose aux rébellions, s'est précisée. Mais cette fois, pour la diplomatie française et les services, il n'y a pas de doute : c'est bien une attaque au gaz qui a tué près de 1 500 civils. La « ligne rouge » qu'avait fixée Barack Obama a été franchie. Paris, sur la même longueur d'onde que les Américains et les Britanniques, est fermement décidé à frapper pour pallier l'indécision d'un conseil de sécurité de l'ONU où les Russes et les Chinois, alliés du régime syrien, mettent leur veto à toute initiative de la communauté internationale contre Damas.

« Punition », « responsabilité », « morale »… les mots employés par la diplomatie française, qui relèvent du registre de l'éthique davantage que celui de la politique, ne laissent pas de doute sur les intentions de Paris : il faut « taper » Bachar ! Aux yeux de François Hollande, c'est presque une question d'honneur pour la France, sa diplomatie et son armée… En liaison avec leurs homologues du centre de Tampa, en Floride, les stratèges de l'état-major ont préparé un plan de frappes, validé par le ministre de la Défense et approuvé par le président. Ironie de l'histoire, l'état-major américain s'est inquiété de la capacité de l'armée française à être prête à l'heure H : « Vous êtes sûrs que vous y arriverez à temps ? Que vous serez prêts ? »

La décision a été formalisée lors du conseil de défense restreint du 28 août : François Hollande, se fondant sur « la réalité d'une attaque chimique dorénavant reconnue par toutes les parties » et concluant à la « responsabilité du régime », y décide « de préparer une frappe punitive nocturne coordonnée avec les Américains et les Britanniques, pouvant être menée à brève échéance sur la base d'un raid aérien à partir du territoire national, délivrant des missiles de croisières sur des objectifs militaires du régime syrien en lien avec ses capacités chimiques ».

La France est sur la même longueur d'onde que ses alliés anglo-saxons. Mais le président, comme lors de l'affaire malienne, insiste sur la souveraineté de la France et ne souhaite surtout pas être regardé comme agissant à la remorque de Washington : « Nous ne devons en aucun cas apparaître comme supplétifs dans une éventuelle réaction de force en réponse à cette attaque chimique. Dans ce cadre, toute action militaire devra être décidée et menée de manière commune et simultanée avec nos alliés, en particulier américains. » L'obsession de l'indépendance devient une constante de la diplomatie hollandaise.

Un créneau extrêmement précis est fixé pour les frappes, entre le 30 août et le 2 septembre. Dans l'hypothèse d'une confrontation avec le régime de Bachar el-Assad, une suite des opérations militaires est également envisagée : le président demande ainsi d'« étudier la planification de frappes ultérieures susceptibles, le cas échéant, de répondre à des mesures de rétorsions ou de représailles menées par le régime ». Le risque est pris très au sérieux par Paris, le président rappelant que « le régime syrien et ses soutiens pourraient chercher à atteindre nos forces, nos ressortissants ou nos intérêts par une riposte terroriste indirecte, en particulier au Liban, en Jordanie ou en Irak ; mais aussi sur le territoire national ».

Tout est calé, donc. Et très précisément : ce sont les capacités balistiques et chimiques de l'armée syrienne. « Bachar, qui est un garçon organisé, avait créé une quatrième armée chimique, rappelle un haut dirigeant de la Défense. Nous connaissions très bien ce dispositif et nous disposions d'éléments précis qui nous permettaient de frapper ses états-majors. Il s'agissait de montrer que, quand on franchissait un certain nombre de lignes, on pouvait le payer amèrement. » Un avertissement adressé au régime, suffisamment dévastateur pour qu'il soit entendu. « L'objectif était bien de dissuader, résume un général.

Ce n'était pas le bombardement de Dresde pendant la Deuxième Guerre mondiale. Mais en tapant, Bachar savait qu'on savait. Et on réduisait sa capacité de nuisance. »

Ciblée sur les ADM (armes de destruction massive) de l'armée syrienne, l'opération, baptisée « Fight Tonight » par les militaires, vise à frapper plusieurs brigades spécialisées et leurs commandements, ainsi que des sites de stockage ou de remplissage des missiles sol-sol Scud. Si possible sans pénétrer dans l'espace aérien syrien, grâce aux Rafale, même si l'état-major se réserve la possibilité de survoler le pays. Le tout avec seize missiles Scalp, donc, tirés sur Damas même, ou, pour l'essentiel, dans les environs.

Comme le rappelle Alexandre Ziegler, directeur de cabinet de Laurent Fabius au ministère des Affaires étrangères, « il ne s'agissait pas de vitrifier la Syrie, mais de changer la donne ». En cas d'escalade, et conformément à la volonté du président, d'« éventuelles » frappes ultérieures étaient toutefois prévues. Preuve que si l'objectif initial n'était pas la chute de Bachar el-Assad, Paris ne rechignerait pas à engager plus avant, si le besoin s'en faisait sentir, l'épreuve de force avec le régime.

Parallèlement à la planification de la hiérarchie militaire, le Quai et la Défense ont produit des « dizaines de notes », envisageant toutes les hypothèses sur les réactions possibles de Bachar el-Assad et « l'après ». Un conseiller ministériel résume : « Allait-il bouger, ou pas du tout ? Répliquer massivement contre les populations civiles ? Menacer d'utiliser les armes chimiques contre Israël ? Quelle sera la réaction des Russes, soutiens du régime ? » Le dispositif de communication sur l'opération, autour des principaux ministres, est bientôt calé. Une fermeté qui ne sera pas un instant ébranlée par l'accident parlementaire qui, dans le même temps, se produit à Londres : le mercredi 28 août, la Chambre des communes, saisie sur la perspective d'une intervention, s'est en effet prononcée contre la participation britannique aux frappes : David Cameron paie l'engagement de Tony Blair dans la deuxième guerre d'Irak…

« À poil dans la steppe »

Le patron de la cellule diplomatique de l'Élysée de l'époque, Paul-Jean Ortiz, est pourtant saisi d'un curieux pressentiment lorsqu'il s'entretient, le vendredi 30, avec Susan Rice, conseillère à la sécurité nationale américaine. « PJO » s'en ouvre à François Hollande : « Je ne sais pas exactement ce qui va être décidé, mais je sens que l'intervention n'est plus aussi ferme et automatique. L'entourage d'Obama n'est plus aussi affirmatif… » À l'Élysée personne ne doute une seconde de la détermination américaine. Et la détermination est d'autant plus ferme que le président est celui qui, au sein de l'exécutif, a le plus poussé en faveur d'une intervention, parfois même face aux réticences initiales de certains responsables de l'hôtel de Brienne ou du quai d'Orsay : les premiers redoutaient un engrenage qui conduirait à l'intervention de troupes françaises au sol, les seconds une opération lancée unilatéralement. Après le refus de la Chambre des communes britannique, Jean-Yves Le Drian a sondé les intentions du président, afin de voir si celles-ci ont été entamées par cet épisode. Mais il n'en est rien.

Huit mois après son baptême du feu malien, enhardi par l'opération Serval, François Hollande veut sa deuxième guerre, et s'apprête à la déclencher. Dans une sorte de remake de l'intervention qui avait alors annoncé le déclenchement des hostilités au Mali, il l'a d'ailleurs dit devant les ambassadeurs français, mardi 27 août : « La France est prête à punir ceux qui ont pris la décision infâme de gazer des innocents. » Mais l'Euphrate n'est pas le Niger, et les deux arènes n'impliquent pas les mêmes joueurs…

En arrivant à l'Élysée le samedi 31 août au matin, il apprend que Barack Obama, dans la nuit, a cherché à le joindre. « Samedi matin, on [s'était réveillé] en se disant qu'Obama [voulait] taper et que c'[était] pour ce soir », raconte un conseiller. Rendez-vous téléphonique est pris pour 18 heures. Le conseil de défense est convoqué pour l'après-midi, et les derniers détails du dispositif activé. « Tout était prêt », assure aujourd'hui Jean-Yves Le Drian. À commencer par les pilotes, « déjà installés aux commandes, prêts à décoller en bout de piste sur les bases de Solenzara et Saint-Dizier », vantait alors la Défense. Un peu survendu, mais pas tant que cela. Il suffit que le feu vert présidentiel tombe pour qu'effectivement, les Rafale décollent. Il ne sera jamais donné.

En fin d'après-midi, alors que les ministres et le gratin de la hiérarchie militaire et des services l'attend dans le salon vert de l'Élysée pour le conseil de défense, Hollande, dans son bureau, reçoit le coup de fil de Barack Obama. Pour le président, le motif de la communication ne fait aucun doute : son homologue américain veut accélérer le mouvement. Deux jours plus tôt, un échange téléphonique a confirmé le parfait accord des deux hommes sur les preuves de l'usage des armes chimiques et la nécessité d'une riposte. Ils sont convenus de se rappeler durant le week-end, afin de régler les derniers détails politiques de l'opération. Mais ce samedi, le ton a bel et bien changé.

Dans un premier temps, Obama, diplomatiquement, assure Hollande de sa « détermination » et de sa « solidarité » face à « la gravité de la situation ». Il est « toujours en phase » avec l'Élysée, assure-t-il. Mais le second mouvement est beaucoup plus déplaisant à entendre pour le président français : l'Américain invoque son équation personnelle et le traumatisme né des récentes interventions extérieures de l'armée américaine, puis le poids du Congrès pour justifier la nécessité de solliciter rapidement le vote de ce dernier, et du Sénat. Le président américain, qui entend passer dans l'histoire comme le président du désengagement, celui qui a retiré d'Irak et d'Afghanistan les forces armées américaines engagées après le 11 Septembre, a finalement choisi de ne pas risquer d'écorner cette image et de s'en remettre aux élus du peuple. « L'intervention reste acquise. Elle n'est ni annulée ni arrêtée, juste différée jusqu'au vote des parlementaires américains », répète Obama. Mais il semble soudain nettement moins disposé à sanctionner le franchissement, par le régime syrien, de cette « ligne rouge » qu'il avait lui-même tracée…

Quand le président raccroche, une demi-heure plus tard, et revient devant le conseil de défense pour lui relater le contenu de cet échange, c'est la douche froide. « J'ai eu le président Obama au téléphone… » Le président marque un temps d'arrêt, puis reprend : « Il est toujours d'accord sur les frappes, mais il veut un feu vert du Congrès. » Les responsables militaires sont effondrés. « Jusqu'à la dernière minute, on a sincèrement pensé qu'Obama donnerait son feu vert et que l'opération pourrait être officiellement commandée. D'où la stupéfaction absolue. »

Le ministre de la Défense, par SMS, donne l'ordre de « no go » aux responsables de l'opération.

Autour de la table, dans le salon vert, quelques-uns espèrent encore, mais beaucoup ont compris : l'opération Fight Tonight a du plomb dans l'aile, même si le président a demandé qu'on maintienne le dispositif sous tension. « Là, je me suis dit : c'est mort », rapporte un participant.

Ce jour-là, François Hollande explique qu'il n'a pas la moindre intention, pour sa part, de consulter le Parlement, comme l'y autorise la Constitution – qui n'oblige le président à soumettre le principe d'une intervention militaire au vote du Parlement qu'au-delà d'une durée de quatre mois. François Hollande s'accommode parfaitement des pouvoirs légués par le général de Gaulle, et précise d'ailleurs qu'il agira, sur ce point, dans la droite ligne de ses prédécesseurs. Avec le recul, François Hollande en convient sans fard : il n'avait aucune raison de se priver des confortables possibilités que lui offrent les institutions de la Ve République, qu'il n'avait pourtant, au cours de sa carrière, pas toujours encensées. « Je savais que la décision d'Obama allait engendrer la demande par la droite et une partie de la gauche d'avoir non pas un débat au Parlement, mais un vote, en s'appuyant sur les exemples britannique et américain. Mais pour décider d'opérations comme celles-là, il faut une soudaineté et une efficacité.

Elles ne peuvent être soumises à une autorisation parlementaire, qui informe ceux que l'on veut frapper. C'est très important que le président puisse décider, mais aussi décider vite, et décider seul. »

Voilà pourtant le président seul, en rase campagne, contraint de baisser les armes, abandonné par l'ami américain. « On nous a laissés nous avancer en nous disant : on vous couvre. Et on s'est retrouvé à poil dans la steppe », glisse un conseiller du président. Un lâchage de dernière minute, qui souligne cruellement la déconnexion entre puissance militaire et pouvoir politique. « Sur le plan militaire, nous sommes liés aux États-Unis, mais totalement indépendants, nous pouvions frapper seuls, rappelle François Hollande. Sur le plan politique, c'était impossible. »

Sur le théâtre national, l'affaire n'est pas glorieuse, qui sera bien sûr exploitée par l'opposition. Sur la scène diplomatique, elle se révèle désastreuse. Hollande envisageait de surfer sur l'impact des frappes de la fin août pour imposer un consensus diplomatique sur la Syrie au G20, qui doit se tenir à Saint-Pétersbourg une semaine plus tard. Mais la situation se retourne bientôt : Vladimir Poutine, indéfectible allié de Bachar el-Assad, va habilement proposer à Barack Obama une issue de secours, en l'occurrence une négociation pour la vérification sous contrôle international des stocks d'armes chimiques détenus par Damas. Jusque-là tête de pont d'une glorieuse réaction militaire, la France se retrouve désormais à l'écart, grande absente des tractations.

Pendant plusieurs jours, François Hollande va cependant accentuer la pression sur l'état-major. Ainsi, lors du conseil de défense du 11 septembre, il affirme : « La France doit poursuivre la préparation d'une frappe militaire en coordination avec les Américains afin de maintenir la pression sur le processus diplomatique qui s'engage et se tenir prête à tout retournement de situation. » Mais le président est contraint d'en convenir : « L'initiative russe de contrôle de l'arsenal chimique syrien [...] a probablement disqualifié la perspective d'une réponse militaire telle que nous l'envisagions jusqu'à présent. »

La guerre de Hollande en Syrie n'aura pas lieu. D'où la nécessité d'insister sur la spécificité de la position française : « Sans aller jusqu'à bloquer ce processus et apparaître belliciste, la France doit faire entendre sa voix pour marquer ses doutes face à la réalité de cette proposition, ne pas apparaître alignée sur un renoncement américain et obtenir les conditions les plus contraignantes possible afin, notamment, de ne pas désespérer et de ne pas radicaliser les États du Golfe et l'opposition syrienne qui contestent cette initiative, et de ménager notre crédibilité dans la perspective d'un scénario similaire ultérieur face à l'Iran », ajoute François Hollande.

Le président entend conserver à la France sa place et son poids sur le théâtre planétaire, et capitaliser sur sa fermeté pour se gagner des amitiés, notamment dans le golfe Persique. Mais il conservera un souvenir amer de cet épisode, qu'il évoque régulièrement et qu'il n'a, au fond, jamais digéré. À l'en croire, la passivité face à ce crime de guerre explique la dégradation postérieure de la situation en Syrie : le répit laissé au régime de Damas et, au-delà, les coudées franches accordées à son allié russe, désormais parfaitement conscient de l'immobilisme structurel des

Occidentaux, même en cas de force majeure ; l'anéantissement de l'opposition dite « modérée », en laquelle les Occidentaux plaçaient à l'époque encore leurs espoirs ; le glissement des opposants les plus radicaux vers Daech, qui, à cette date, ne jouit pas encore de la puissance qu'elle a aujourd'hui acquise. Un des membres de sa cellule diplomatique le maintient : « En frappant les centres de commandement militaires, on créait un effet de stress à Damas et chez les Russes, le rapport de force était changé, et le fait qu'on pouvait taper Damas était crédibilisé. Mais nous avons donné un permis de tuer à Assad. Nous avons signalé qu'en cas de crime de guerre caractérisé, nous ne ferions rien de décisif. »

La posture « morale » de François Hollande, dans cette affaire, est difficilement contestable, et elle a logiquement pu être partagée au-delà des clivages politiques. C'est le cas de Jean-David Levitte, l'ancien conseiller diplomatique de Nicolas Sarkozy, qui approuve : « On ne peut pas refaire le scénario idéal en disant que les frappes auraient conduit à la défaite de Bachar, que les modérés auraient eu le vent en poupe, et que Daech n'existerait pas. Mais elles auraient accéléré la chute de Bachar, montré au monde que les modérés avaient le soutien de l'Occident face à l'usage d'armes inacceptables. Cela a été un tournant majeur de la politique occidentale. Dans le monde entier, le message d'inaction a été reçu cinq sur cinq. »

Personnellement bouleversé par les images du gazage de la Ghouta et révolté par le crime du régime, persuadé que le devoir de la France était de prendre la tête d'une réplique de la communauté internationale, la volonté du chef des armées s'est cette fois fracassée contre le mur des réalités diplomatiques. Quelques mois après avoir sauté sur Tombouctou, le président, emporté par l'élan, a-t-il cru pouvoir rééditer l'exploit ? Cette fois, François Hollande, seul, n'a pu inverser le cours des événements. Mais il n'en a pas perdu l'ambition.

Dans l'Orient compliqué

Le président, dans l'affaire syrienne, a-t-il touché les limites de l'influence française ? Si le camouflet diplomatique est cuisant, François Hollande n'a fait là que se situer dans la droite ligne de ses prédécesseurs, qui ont tous, à des degrés et avec des fortunes diverses, tenté, dans les pas du général de Gaulle, de préserver « une certaine idée de la France » : une nation située à l'avant-garde, défendant à la fois son rang et ses valeurs et ne faisant là que son devoir. « La France ne peut être la France sans la grandeur », écrivait Charles de Gaulle dans ses *Mémoires de guerre*. Une obsession diplomatique qu'ont partagée tous ses successeurs, et que François Hollande, plus d'un demi-siècle plus tard, et nonobstant un monde aux contours géopolitiques radicalement différents, a lui-même faite sienne.

En théorie, le président adhère parfaitement aux fondamentaux de la politique étrangère gaullienne, tels que définis par l'historien Maurice Vaïsse[1] : d'abord, l'« attachement à la grandeur et au rang de la France,

1. Cf. son ouvrage *La Grandeur. Politique étrangère du général de Gaulle 1958-1969*, Fayard, 1998.

conçu à la fois comme une philosophie de l'action et un devoir historique», qui justifie l'intervention au Mali et celle, avortée, en Syrie; puis l'«impératif catégorique» de l'indépendance nationale, garantie de «souveraineté», qu'a poursuivi François Hollande en martelant son souci d'agir de façon indépendante des forces américaines; l'utilisation de la puissance militaire, enfin, comme moyen de «s'asseoir à la table des grands». En cela, le septième président de la Ve République se conforme parfaitement à la vision du premier, exprimée en 1959, à l'Institut des hautes études de la défense nationale: «Un pays comme la France, s'il lui arrive de faire la guerre, il faut que ce soit *sa* guerre.»

Certes, le monde bipolaire du Général, structuré par l'affrontement Est-Ouest, a fait place à une planète multipolaire et chaotique où la tectonique des plaques multiplie les séismes géopolitiques, en particulier au Proche et au Moyen-Orient. François Hollande l'a tôt appréhendé: «Ce qui caractérise le monde aujourd'hui est son instabilité. Un ordre ancien a disparu, mais aucune autre organisation planétaire n'a encore émergé», constate le chef de l'État en août 2012, à l'occasion de la première conférence des ambassadeurs de son quinquennat. Mais l'élément essentiel, dans cette première ébauche d'une doctrine diplomatique du hollandisme, demeure: la France reste «une puissance mondiale», assure le président. Expression d'une volonté de tenir son rang, qui va guider nombre de ses choix en politique étrangère.

Pour cause de lâchage américain, la crise syrienne s'est certes soldée par un revers majeur pour la diplomatie française. L'épisode a néanmoins confirmé la tendance globale au retrait et au désengagement américain. « C'était la preuve qu'Obama pouvait faillir dans son devoir d'empereur, résume un haut responsable de la Défense. On ne peut revendiquer le fait de dominer le monde et faire preuve de couardise quand il faut montrer de la force… » L'affaire syrienne, dans le même mouvement, a aussi révélé aux yeux de tous la spécificité de la position française. Loin de se situer dans le sillage de Barack Obama, François Hollande a devancé ce dernier, adoptant une posture nettement plus offensive. En conclusion, Paris peut se montrer aussi belliqueux que Washington, et même davantage… Cela a été le cas à propos de la Syrie. Cela va l'être encore autour du dossier du nucléaire iranien.

En partie élu puis réélu sur une ligne de désengagement après la débauche des années Bush, Barack Obama se montre sur ce terrain d'une prudence extrême, davantage soucieux de normalisation avec Téhéran que de nouvelles projections de l'US Army dans la pétaudière proche-orientale. « Le retrait des États-Unis des affaires du Moyen-Orient a créé une situation de vacuum déstabilisante », analyse un conseiller diplomatique du président pour le monde arabe. Il y a donc, entre Damas et Riyad, une place à prendre pour la France, et François Hollande a bien l'intention de l'occuper. Sur tous les fronts.

Avec Serval, puis l'opération Sangaris déployée en décembre 2013 en Centrafrique pour conjurer la menace de massacres interconfessionnels et d'un nouveau Rwanda, le ministère de la Défense a conquis de larges « parts de marché » en Afrique, dont le Quai d'Orsay se désintéresse globalement : Jean-Yves Le Drian est déjà considéré comme « le ministre de l'Afrique »... Au ministère des Affaires étrangères, quelques influents directeurs et ambassadeurs d'obédience interventionniste, voire franchement néo-conservatrice, intéressés par l'activisme de Nicolas Sarkozy, redoutaient d'ailleurs l'arrivée de la gauche au pouvoir. François Hollande et Laurent Fabius, à l'usage, les auront finement rassurés. C'est qu'au Quai, la Direction des affaires stratégiques, spécialisée dans la non-prolifération et donc peu suspecte de sympathie pour un Iran en route vers l'acquisition de l'armée nucléaire, a pris le pas sur d'autres directions d'ordinaire les plus puissantes. Et l'on y apprécie la ligne du ministre. « En termes de position, Laurent Fabius est très proche des néo-cons, décrypte un ancien ministre des Affaires étrangères socialiste. Mais ce n'est pas de l'atlantisme ou de l'alignement sur Washington, au contraire. Fabius considère qu'il faut faire plus que Washington, qui est défaillant. »

Dans « l'Orient compliqué », les faucons de l'Élysée, de la Défense et du quai d'Orsay, vont donc trouver un terrain de chasse à la mesure de leurs ambitions : tenir le rang de la France, en particulier face aux États-Unis. C'est le cas en Irak où, après plusieurs opérations de fournitures d'armes aux Peshmergas kurdes, l'armée de l'air française s'engage, en septembre 2014, aux côtés de la coalition dirigée par les Américains afin de réduire l'État islamique après les défaites essuyées par l'armée irakienne et les avancées de Daech en territoire kurde. François Hollande l'a annoncé à Barack Obama en marge du 24e sommet de l'OTAN, à Newport, au pays de Galles : la France sera de la partie. Cette fois, et malgré la défection syrienne, Paris est bien sur la même longueur d'onde que Washington. « On ne pouvait pas ne pas en être, résume Jacques Audibert, qui a succédé au poste de chef de la cellule diplomatique de l'Élysée à Paul-Jean Ortiz, décédé en juillet 2014 d'un cancer. On ne peut pas ne pas être mobilisé contre Daesh, le mal absolu. »

À cette époque, il n'est pas question, en revanche, d'accompagner la coalition lorsqu'elle frappe l'État islamique en Syrie, où Paris considère que les coups portés à Daech avantageront le régime de Bachar el-Assad : la France se limitera donc au seul territoire irakien. « On ne veut pas intervenir dans une opération qui peut être un soutien à Bachar. Si on intervient en Syrie, c'est pour s'occuper de Bachar », martèle la cellule diplomatique de l'Élysée. François Hollande a de la mémoire… Il mettra plus d'un an avant de réviser ses positions devant l'irrésistible progression de l'État islamique et d'autoriser les frappes sur celui-ci en territoire syrien.

En février 2015, le groupe aéronaval du porte-avions *Charles-de-Gaulle*, à grand renfort de tambours et trompettes médiatiques, est déployé dans le golfe Persique. Une année après le début de l'opération, les forces françaises compteront à leur actif 200 frappes, soit environ 10 % du total opéré par la coalition. « Nous sommes à notre place normale, défend Jacques Audibert. Nous ne fournissons pas le premier contingent, mais nous restons à proportion de ce que nous pouvons faire. » C'est déjà beaucoup trop, estiment certains : après Serval au Mali et Sangaris en Centrafrique, l'opération Chammal est la troisième intervention militaire extérieure française décidée par François Hollande en un peu plus de deux années de mandat…

Un officier, qui avait salué l'intervention au Mali, se montre cette fois nettement moins enthousiaste : « Chammal nous donne l'impression d'être un acteur global de la lutte contre le terrorisme, mais ça sollicite énormément nos forces, alors que notre apport final est relativement marginal et qu'on a d'autres tâches à mener, notamment en Afrique. Rappelons que chaque bombinette, c'est plusieurs dizaines de milliers d'euros ! De même pour le *Charles-de-Gaulle* : un *show of force* n'est jamais inutile, mais est-ce le bon combat à mener ? Pas sûr. Tout ceci se payera un jour sur d'autres types d'opérations. C'est peut-être handicapant pour notre ego d'acteur global, mais nous n'avons plus les moyens de la dispersion. »

Pour beaucoup, François Hollande doit faire des choix. En réalité, il fait celui d'être sur tous les fronts. S'il est au diapason des Américains en Irak, il va afficher une ligne nettement plus dure qu'eux sur le dossier du nucléaire iranien, comme il l'avait fait sur la Syrie. Alexandre Ziegler, directeur de cabinet de Laurent Fabius, résume : « La position française est assez pragmatique et pose une question claire : est-ce que oui ou non, on veut que l'Iran dispose de l'arme nucléaire ? » La réponse est limpide, et le président l'a donnée d'emblée, dans son premier discours aux ambassadeurs, en août 2012 : « La plus grave des incertitudes tient à la prolifération nucléaire », avait-il alors tranché. Emmanuel Bonne, ex-conseiller du président pour le Proche-Orient, détaille le raisonnement français : « La prolifération est un mal absolu, d'autant plus dans une région qui est une cocotte-minute. C'est un risque absolu pour l'humanité : qui aura la bombe dans cette région risque de l'utiliser. Il faut donc éviter la course aux armements nucléaires. »

Depuis la prise de fonction de François Hollande à la signature d'un accord final, en juillet 2015, qui conclut douze années de négociations entre l'Occident et Téhéran, Laurent Fabius, dans les discussions entre l'Iran et les pays du « P 5+1 » (États-Unis, Russie, Chine, France, Royaume-Uni et Allemagne), va donc se charger de porter la ligne française. Sur une posture d'extrême fermeté, dans la droite ligne de la position dure adoptée depuis Nicolas Sarkozy. Un de ses anciens collaborateurs au quai d'Orsay en atteste : « Fabius a une vraie position de principe sur l'Iran. Il s'est montré complètement impitoyable sur les négociations, très fermé et complètement hermétique à l'idée que l'on puisse faire le moindre geste qui donnerait à penser que l'on est prêt à en rabattre. » À tel point que le ministre a été affublé, par les diplomates français en poste à Bruxelles, d'un éloquent sobriquet : « Laurent Cheney », en référence à l'Américain Dick Cheney, ancien vice-président de George Bush et ardent promoteur de l'invasion de l'Irak…

En septembre 2013, en marge de l'Assemblée générale des Nations unies, François Hollande avait été le premier chef d'État occidental à rencontrer le nouveau président Hassan Rohani. Mais face à une administration Obama résolue à enterrer une hache de guerre brandie par l'Amérique depuis la Révolution islamique et la prise en otage de l'ambassade américaine à Téhéran, en 1979, et bien décidée à recueillir les bénéfices politiques d'un accord avec le régime des mollahs, Paris, pendant plus de trois ans, a bel et bien joué le rôle du « bad cop ». Toutes les phases des négociations ont ainsi été marquées par la volonté de Paris de se démarquer de Washington en vue d'obtenir un accord « robuste », selon la terminologie diplomatique en vigueur. Fût-ce au prix de vifs épisodes de tensions avec les États-Unis. Ce fut le cas à Genève, en novembre 2013, lorsque Laurent Fabius a refusé d'approuver un texte jugé insuffisamment « exigeant » vis-à-vis de Téhéran : « Les Américains nous avaient sorti un papier en nous demandant de signer urgemment en bas à droite, raconte un diplomate français. Cela nous a amenés à nous dissocier publiquement. » Ce fut encore le cas à Vienne, en juillet 2014. Puis à Lausanne, en mars 2015, où la délégation française provoque une nouvelle fois l'exaspération des Américains en réclamant davantage de concessions iraniennes.

Malgré les menaces répétées de blocage, au-delà des effets de style et de moulinets, Paris, bien sûr, ne s'opposera pas à la conclusion de l'accord final, qui stipule la limitation de l'enrichissement d'uranium et de la production de plutonium par l'Iran, le renforcement des inspections sur place, la progressive levée des sanctions onusiennes, américaines et européennes, ainsi que le maintien de l'embargo sur les missiles balistiques et les importations d'armes offensives. Pas de démantèlement des capacités nucléaires iraniennes, donc, mais un encadrement et une surveillance visant à dissuader l'Iran de se lancer dans une course à la bombe atomique.

Tout n'a pourtant pas été perdu pour Paris dans cette affaire. En soulignant la spécificité de la position française et en affirmant sa différence avec l'administration Obama, la France a semblé partager l'obsession sécuritaire et les positions de plusieurs institutions ou puissances que l'on ne classerait pas spontanément dans la proximité politique d'un gouvernement socialiste, mais avec lesquelles celui-ci s'est pourtant trouvé en parfait accord. Le Congrès américain, dominé par des républicains très hostiles à un accord avec l'Iran. Le gouvernement israélien de Benyamin Netanyahou, qui mène campagne, depuis des années, sur le danger constitué par la République islamique: « Pour nous, s'il y avait un pays qui était sur la même longueur d'onde qu'Israël, c'était bien la France », confirme un diplomate de l'État hébreu. Ou encore les monarchies sunnites du Golfe, inquiètes de voir l'expansionnisme iranien profiter, via les milices chiites, des grandes crises de la région pour avancer ses pions, de la Syrie à l'Irak, en passant par le Liban et le Yémen.

« La position française a un prix », confiait François Hollande quelque temps avant la fin de la négociation. Et de fait, elle va rapporter gros, principalement dans la péninsule Arabique. Comme le glisse un diplomate, non sans une pointe d'ironie: « On aime beaucoup nos amis du Golfe, qui sont en conflit de civilisation avec l'Iran et qui apprécient au plus haut point cette position dure de la France, sur le nucléaire iranien ou la Syrie, alliée de Téhéran. L'étoile américaine ayant pâli, ces pays du Golfe se distancient des États-Unis et se rapprochent de nous. » Tout en entretenant les liens étroits tissés par son prédécesseur avec le Qatar, le président va nouer une solide relation avec l'Arabie Saoudite, en particulier avec son nouveau roi, Salmane ben Abdelaziz al-Saoud. « Hollande a préservé la lune de miel de Sarkozy avec le Qatar tout en épousant en premières noces les Saoudiens », apportant du même coup à la France une « moisson de contrats », s'enthousiasme ce diplomate. Ses visites dans le Golfe en atteste : en trois ans, pas moins de quatre en Arabie Saoudite, plus deux au Qatar et une aux Émirats.

En mai 2014, François Hollande assiste à Doha, au Qatar, à la signature officielle de la vente de vingt-quatre Rafale à l'émirat. Avant de s'envoler pour l'Arabie Saoudite, où il est l'invité d'honneur d'un sommet du Conseil de coopération du Golfe (CCG), une première pour un chef d'État occidental. « C'était un honneur accordé à la France qui signifiait que, dans cette période d'engagement antiterroriste, nous étions là, à l'avant-garde. Tous les grands personnages du Golfe étaient là », raconte Jack Lang, président de l'Institut du monde arabe, qui a fait le voyage. « Ce qui s'est produit à Doha et à Riyad est un dividende de notre politique », résume un diplomate élyséen. Un substantiel bénéfice collatéral de la posture agressive et de la diplomatie française, qui vaut bien quelques arrangements de realpolitik. « Dans cette région extrêmement volatile et fragmentée, nous avons besoin de points d'appui. Et les Saoudiens sont un point d'appui », glisse un de ses collègues.

Ainsi la question des droits de l'homme et des exécutions capitales, dont le royaume s'est fait une spécialité, a-t-elle bien été posée par la France. Mais elle a rapidement cessé de l'être. Si l'on rappelle volontiers, à l'Élysée, que

« le président a critiqué la peine de mort à Riyad », on convient qu'il a fallu s'adapter aux réalités du terrain local : « Fabius avait demandé au porte-parole du Quai d'Orsay de condamner les exécutions n'importe où. Et le porte-parole condamnait une fois, deux fois, dix fois... À la fin, vous créez un irritant bilatéral. Donc, on a modéré les propos publics sur les droits de l'homme. » Il en va de même pour l'Égypte du maréchal Abdel Fattah al-Sissi, responsable de la féroce répression des Frères musulmans et d'un massacre ayant causé, en août 2013, des centaines de morts parmi les partisans du président déchu, Mohamed Morsi, pays avec lequel avait été signé le premier contrat à l'export pour l'achat de 24 Rafale, d'un montant total de 5 milliards d'euros. Un conseiller ministériel le dit crûment : « On a une carte immense à jouer en ce moment. On ne veut pas raconter d'histoires selon lesquelles ce serait la démocratie. On veut juste des alliés majeurs dans la région et vendre ce putain de Rafale ! » La grandeur n'est pas toujours inscrite à l'agenda...

François Hollande, « dans l'Orient compliqué », s'est-il égaré ? Les justifications des frappes voulues par Hollande en Syrie étaient incontestablement « morales ». Les exportations d'armement, et les nécessaires alliances dérangeantes qui les accompagnent, le sont nettement moins. Dans le marasme économique et industriel où s'embourbe le pays, elles ont pourtant acquis force de loi diplomatique. La France, quoi qu'en dise le président, est-elle encore en mesure de tenir la promesse gaullienne ? Ancien ministre des Affaires étrangères de François Mitterrand, Hubert Védrine est persuadé du contraire : « Je pense que nous sommes un pays chimérique, qui est de plus en plus ridicule à se prétendre universaliste, car nous n'en avons plus les moyens. »

Difficile, dans ce contexte, de percevoir un dessein d'ensemble dans la politique étrangère de François Hollande, et les observateurs, sur ce point, divergent. Au mieux, salue *Libération*, il s'agit d'un « hyperpragmatique », pratiquant « un subtil jeu d'équilibre entre les deux âmes de la diplomatie française, la gaullo-mitterrandienne d'un côté, le courant plus atlantiste de l'autre »[1]. Au pire, d'après *Le Monde*, la vente des vingt-quatre Rafale à l'Égypte signe une « diplomatie illisible », fondée sur une « accumulation des contradictions » et coupable d'un « naufrage moral »[2].

Annoncée sur des bases éthiques, la diplomatie hollandaise, face aux désordres du monde, s'est de fait révélée beaucoup plus pragmatique, voire franchement cynique. Un des ténors de la cellule diplomatique du 2, rue de l'Élysée, en atteste : « Le pragmatisme n'est pas une théorie, mais une forme de nécessité. Nous sommes face à des crises d'une complexité inouïe, avec des dynamiques dévastatrices. Face à cela, nous devons intégrer qu'il n'y a pas de plan d'ensemble pour la résolution de ces crises. Nous n'avons pas un agenda des valeurs, nous n'exportons pas un modèle. Nous faisons juste avec la réalité telle qu'elle est. »

1. Marc Semo, « Hollande diplomate : l'hyperpragmatique », *Libération*, 30 mai 2015.

2. Christophe Ayad, « La diplomatie illisible de François Hollande », *Le Monde*, 15 février 2015.

La mitterrandie juge (sévèrement) la diplomatie hollandaise

François Hollande n'appréciera sans doute pas ce qui va suivre, lui qui, en toutes circonstances ou presque, a cherché à inscrire son action dans les pas de François Mitterrand. Et qui, si souvent, a trouvé modèle et inspiration dans la chronique des deux septennats du premier président socialiste de la Ve République. Et pourtant, les principaux acteurs de cette histoire militaire et diplomatique se montrent pour le moins circonspects au chapitre de la politique étrangère de François Hollande et de son inscription dans la ligne « gaullo-mitterrandienne ».

Proches conseillers ou ministres régaliens, ils sont rares à adresser un satisfecit au successeur de Mitterrand. Il n'y aurait presque que Jack Lang, nommé par François Hollande à la présidence de l'Institut du monde arabe, et à ce titre présent à chaque déplacement officiel, ou presque, en Afrique du Nord et au Moyen-Orient, à défendre la politique étrangère du président : « Sur la diplomatie, tout se passe de façon très professionnelle, le travail est remarquablement préparé. Il est vraiment présent, dans le moment, dans l'action. » Si l'ancien et emblématique ministre de la Culture de François Mitterrand convient que ce dernier « avait plus d'expérience car il avait parcouru le monde comme ministre et premier secrétaire du PS alors que François Hollande l'a découvert », il constate qu'« en trois ans, il a gagné en maîtrise, en hauteur de vue. Il se bonifie en marchant ».

Est-ce parce qu'ils ont pris du champ et de la distance

par rapport à l'exécutif? Les autres mitterrandistes, de plus ou moins stricte obédience, se montrent en tout cas nettement moins enthousiastes. Ainsi Jean-Pierre Chevènement, ancien ministre de la Défense (1988-1991), qui démissionna pour protester contre l'engagement français dans la guerre en Irak, et qui n'est toujours pas revenu de la volonté présidentielle de frapper Damas : « Je ne la comprends pas. Je m'en suis expliqué en tête à tête avec lui, mais je n'ai pas eu d'explication qui m'ait convaincu. C'est de l'"irreal politique", par opposition à la realpolitik… » Tenant d'un souverainisme attaché à l'indépendance vis-à-vis de Washington, Chevènement déplore que François Hollande se soit montré, sur le dossier iranien, plus faucon encore que Washington : « Nous ne devions pas apparaître comme le seul pays, avec Israël, qui fait obstacle à un accord. Il fallait éviter de se situer à l'Ouest de l'Ouest. Nous n'avons rien à gagner à la surenchère. » D'où une substantielle interrogation sur le sens de la politique menée dans cette région du monde : « La grande vision, sur le Moyen-Orient, je ne la discerne pas clairement… »

Court-termisme, opportunisme, tactique : tels sont les griefs qui reviennent régulièrement dans la bouche des ministres et conseillers de l'ancien chef de l'État. Paul Quilès, ministre de la Défense (1985-1986), puis de l'Intérieur (1992-1993), s'en désole : « Il ne donne pas le sentiment de quelqu'un qui a une vision totalement claire et transparente de ce qu'il veut. Pourquoi la France intervient-elle ? Quel discours tient-on ? On ne sait pas. On se fait dépasser par une succession d'événements et on part à l'aventure. Il y a une espèce de mégalomanie, de vision du rôle de la France et de son devoir d'intervention, alors qu'on devrait plutôt s'intéresser aux modes d'intervention de la communauté internationale. »

Quant à la comparaison entre la diplomatie de Hollande et celle de son aîné, elle n'est guère flatteuse pour le premier. « Je ne peux m'empêcher de commenter cette diplomatie sur la base de ce que nous avions mené : une ligne gaullo-mitterrandiste, la seule bonne pour la France. Et ce qui se passe n'a pas beaucoup de rapport », déplore Hubert Védrine, qui passa auprès de Mitterrand quatorze ans à l'Élysée, comme conseiller puis secrétaire général de la présidence. L'auteur de *La France au défi*[1] et, il y a presque une décennie, de *François Mitterrand : un dessein, un destin*[2], peine justement à en distinguer un dans la diplomatie hollandaise. « François Hollande n'a ni corps de doctrine, ni vision, ni système d'anticipation et d'alerte qui lui permettrait de détecter les erreurs. Il y a juste l'idée que nous sommes la France, que nous avons une vocation universelle à incarner les droits de l'homme et renverser les dictatures, bref que nous avons une mission spéciale à mener, comme les États-Unis. Or, très peu de pays dans le monde considèrent qu'ils sont chargés de faire régner la justice dans le monde… Comme M. Jourdain, Hollande fait du néo-conservatisme sans le savoir. »

Quant à Jacques Attali, qui fut le conseiller spécial de Mitterrand de 1981 à 1991 et à ce titre le patron du jeune énarque François Hollande, qu'il recruta à l'Élysée

1. Fayard, 2014.
2. Gallimard, 2006.

en 1981, il s'entretient régulièrement avec l'actuel chef de l'État, entre autres, de sujets diplomatiques. Il demeure cependant « très sceptique en matière de politique étrangère » et, lui aussi, particulièrement interrogatif : « Mitterrand avait une vision du monde, une vision de ce qu'il voulait : construire l'Europe, défendre l'Afrique, rester l'allié indéfectible des Américains sans rien leur céder sur l'essentiel, assurer un point d'équilibre entre Israël et les Arabes… Hollande, je ne sais pas. »

CHAPITRE 3

La Corrèze avant le Zambèze

«Je ne joue pas au petit soldat, même si j'y ai joué enfant», nous a affirmé François Hollande. De fait, s'il a pris très à cœur, depuis mai 2012, son rôle de chef des armées, et utilisé à plein régime les pouvoirs que lui confère la Constitution en matière de déclenchement d'opérations extérieures, il n'avait jamais, au cours de sa carrière politique, pris très au sérieux les affaires de la guerre. Celles-ci, au fond, ne l'ont jamais vraiment passionné. «Il n'a jamais été un fana mili», raconte son vieux complice Michel Sapin, camarade de promotion à l'ENA et de chambrée au service militaire, aujourd'hui à la tête du ministère des Finances.

Ses obligations militaires, Hollande a bien failli ne jamais les remplir: admis à l'ENA après avoir décroché les diplômes de Sciences Po et d'HEC, le voilà réformé en 1976 pour cause de myopie. Pour Hollande, c'est une catastrophe: le passage sous les drapeaux est une case indispensable pour embrasser les carrières auxquelles prépare l'ENA et rejoindre la noblesse d'État. L'ambitieux va donc, grâce à une visite médicale complémentaire, arracher la possibilité de servir sous les drapeaux, dans la filière des officiers de réserve. « Il aurait dû ne pas le faire, mais il a souhaité le faire », rappelle Michel Sapin qui, comme l'actuel secrétaire général de l'Élysée, Jean-Pierre Jouyet, le futur diplomate Jean-Maurice Ripert ou le patron d'Axa, Henri de Castries, effectue donc aux côtés du futur président deux mois de classes à l'école des officiers de Coëtquidan.

Si le jeune Hollande a endossé l'uniforme, c'est donc moins par désir ou par passion que par calcul, afin de s'éviter une carence de parcours qui aurait un mauvais effet sur son CV d'énarque. En pur politique, donc. « Le Hollande de 1977 est très marqué par le centralisme et l'autorité de l'État, confirme Michel Sapin. L'armée étant une des grandes institutions de l'État, il faut selon lui la respecter et entretenir une relation avec elle. Le politique commande au militaire, mais le politique respecte le militaire. Et François a toujours été très respectueux de l'institution militaire comme élément de la République. »

Si Michel Sapin se souvient, au cours d'une de ces longues marches qui font toute la saveur de ces périodes de classe, avoir porté, outre le sien, le barda d'un Hollande hors d'haleine, il dément que ce dernier ait joué les tire-au-flanc : « Je ne sais pas si on peut dire que c'est un bon soldat. Mais il est courageux, engagé, extrêmement physique et très résistant à la course. Quand il est lancé dans quelque chose, il essaie de le faire au mieux. Il a donné de lui-même, sans essayer de trouver des solutions pour échapper à l'épreuve. » Seul défaut rédhibitoire pour la vie de caserne : une difficulté réelle à ranger ses affaires et à faire son lit au carré… Après une affectation à l'École d'application du génie d'Angers, puis au 71e régiment du génie, à Oissel, près de Rouen, Hollande est rendu à la vie civile en 1978, avec le grade de lieutenant. Avant de devenir chef des armées, il n'avait pas, depuis cette date, progressé dans la carrière, demeurant simple lieutenant quand beaucoup d'autres accédaient au grade de colonel en effectuant les « périodes » permettant une progression hiérarchique.

La suite de sa carrière politique le confirme : François Hollande s'est très peu intéressé aux questions militaires et diplomatiques. Même s'il affirme aujourd'hui, sans doute pour afficher une certaine cohérence, avoir toujours éprouvé « du respect pour les militaires », s'être passionné pour la géopolitique et la « polémologie » et avoir été « longtemps abonné à la *Revue Défense nationale* ». Pour preuve, le président raconte volontiers qu'une fois élu député de Corrèze, en 1988, il a choisi d'être rapporteur du budget de la Défense au sein de la commission du même nom, une responsabilité jusque-là exercée par son ami Jean-Yves Le Drian. « Pendant cinq ans, je me suis donc beaucoup intéressé à ces questions », assure François Hollande, en évoquant la participation française à la première guerre du Golfe, en 1991, ou le lancement du programme Rafale. Un ancien ministre socialiste de la Défense, cependant, se montre nettement moins affirmatif : « Je crois que je ne l'ai jamais vu à la commission de défense. D'ailleurs, on y siégeait en général quand on avait peu de temps, car on pensait que c'était peu important, à la différence de la commission des finances ou de la commission des lois. » Il s'agirait donc moins d'une passion portée aux questions de financement des dossiers militaires qu'un petit arrangement avec l'emploi du temps : la commission de la défense, moins scrutée que les autres, permet à ceux qui occupent des responsabilités dans les appareils de parti de sécher les débats sans trop se faire remarquer…

De même, installé en 1997 par Lionel Jospin aux commandes de la rue de Solférino, François Hollande assure avoir alors suivi de près, en tant que premier secrétaire du PS, les grands sujets militaires de l'époque : la décision prise par Lionel Jospin de contribuer à l'opération Allied Force de l'OTAN au Kosovo en 1999, celle de Jacques Chirac de ne pas participer à la deuxième guerre du Golfe en 2003… Mais il ne s'agissait pas là de sa préoccupation première. « Ça ne l'a jamais passionné, le mot est faible. En réalité, il n'en avait rien à foutre. Ça ne l'intéressait pas. Pour lui, ce n'était pas un enjeu », poursuit cet ancien ministre. Ce qui « passionne » François Hollande, c'est la politique, bien sûr, et rien que la politique. L'étude approfondie de la carte électorale, canton par canton. La connaissance encyclopédique des résultats des scrutins et leur analyse. La poursuite de son ascension parlementaire et d'élu local par la conquête, l'exercice et la conservation de positions de pouvoir. Si François Hollande monte au front, c'est pour s'emparer de la mairie de Tulle, en 2001, puis du conseil général de Corrèze, en 2008. Et c'est à ce titre que, dans « ce territoire très concerné par les questions de défense », comme il le dit lui-même, il va se pencher, par la force des choses, sur les dossiers militaires.

Il lui faut donc se mettre en relation avec les hiérarques et les soldats du 126e RI, basé à Brive-la-Gaillarde, et avec l'école de gendarmerie de Tulle. « Il a toujours apprécié les militaires. Il le disait toujours, quand on rencontrait des soldats ou des gradés : "J'aime les militaires. Ce sont des gens bien" », se souvient Bernard Combes, son successeur à la mairie de Tulle et conseiller en charge des élus locaux à l'Élysée. Combes, qui fut longtemps son poisson-pilote en Corrèze, confirme là le respect voué par le professionnel de la politique à l'armée, pilier de l'État, et aussi l'indispensable relation de cordialité établie entre les autorités militaires locales et les grands élus.

Hollande le Corrézien s'est d'autant plus intéressé aux affaires de défense qu'elles pouvaient avoir une incidence sur les élections, et donc sur son avenir politique. Ainsi s'est-il penché de très près sur les destinées de « La Manu », la manufacture royale d'armes créée à la fin du XVIIIe siècle, fleuron industriel du Limousin et l'un de ses tout premiers employeurs, jusqu'aux années 1980. Le député a surveillé également l'arrivée du géant de l'armement GIAT Industries, la lente agonie du site et les plans sociaux à répétition. Il en a même sérieusement pâti : « Il a participé à la restructuration du site, avec notamment la perte de 900 salariés à La Manu, ce qui lui a valu une défaite aux législatives en 1993. C'est la CGT qui lui a fait perdre l'élection », rappelle Bernard Combes. François Hollande, dans cette affaire, a parfaitement saisi l'importance, pour le tissu économique et social local, et aussi pour la croissance nationale, des exportations de matériel de défense. La leçon ne manquera pas d'être retenue. À l'Élysée, il continuera de s'intéresser à la fusion prévue entre Nexter, le groupe public d'armement qui a pris la relève de GIAT et produit toujours du matériel à Tulle, et l'armurier allemand Krauss-Maffei Wegmann. De même, s'est-il impliqué afin de préserver le 126e RI de Brive, menacé de disparition dans le cadre de la loi de programmation militaire (LPM).

C'est donc par nécessité politique que François Hollande suit les dossiers militaires dans sa circonscription, sa ville et plus tard son département. Il en va de même au parti socialiste, dont Lionel Jospin, devenu Premier ministre, lui a confié la direction en 1997. Pendant ses onze années de règne sur la rue de Solférino, il va davantage se consacrer aux jeux d'appareil, dans lesquels il excelle, et à la préservation de sa position face aux multiples courants et écuries qui caractérisent la pétaudière socialiste de ces années-là, qu'à développer une hauteur de vue sur les affaires du monde. Quant à une éventuelle doctrine diplomatico-militaire, « il n'en avait aucune. Il reprenait la messe en latin racontée dans les congrès sur ces sujets. Il était très emblématique du PS qui considérait que ce n'était pas un sujet important », poursuit l'ancien ministre de la Défense cité plus haut.

« La Corrèze avant le Zambèze » : cette formule de l'ancien député et maire de Tulle, Jean Montalat, pourrait parfaitement définir la hiérarchie des centres d'intérêt politiques adoptée par François Hollande. À sa décharge, il ne s'agit pas là d'un terrain de jeu de très haute importance pour les socialistes qui, aux questions de stratégies internationales, préfèrent les débats ésotériques sur l'exact positionnement économique et social du réformisme de gauche. De ce point de vue, Hollande est parfaitement au diapason de ses camarades. Le même ministre en témoigne avec une ironie teintée d'amertume, lui qui, par le passé, a transmis nombre de papiers consacrés à la dissuasion nucléaire ou, après le 11 septembre 2001, à la réplique à opposer au terrorisme : « Sur un certain nombre de sujets, je lui ai passé pas mal de notes. Mais il avait la fâcheuse habitude, hélas, de ne pas accuser réception, même quand il avait demandé lesdites notes. Il a ceci d'insupportable et de merveilleux à la fois qu'il donne l'impression d'être passionné par ce que vous lui dites, alors qu'en réalité, il s'en fiche. "C'est passionnant. Il faut que tu me fasses une note !" Je lui ai donc envoyé des notes, auxquelles il n'a jamais répondu. C'est le désintérêt le plus total. Absolument rien à foutre. »

Sur l'Olympe

Si François Hollande n'a jamais manifesté un appétit démesuré pour la *res militaris*, il n'en écarte pas l'augure dès lors que les impératifs politiques l'exigent. Ce sera évidemment le cas lors de la campagne présidentielle de 2012, lors de laquelle le candidat socialiste prend très au sérieux cette dimension du job. D'autant plus que les perspectives de victoire, qui se confirment face à un Nicolas Sarkozy en difficulté, l'obligent à se préparer sur ce qui constituera une dimension essentielle du job. Et il n'est à ce stade absolument pas opérationnel... Il demande donc à son vieux complice, Jean-Yves Le Drian, de s'occuper de ce dossier. À charge pour lui de plancher sur le programme et de lui organiser des rencontres discrètes avec les plus hauts responsables de la Défense. L'Élysée vaut bien un tour au mess... Si les chefs d'état-major en poste rechignent, pour raisons politiques, à établir des liens avec le candidat socialiste, Hollande pourra tout de même évoquer la situation des armées, la dissuasion nucléaire ou les difficultés budgétaires avec d'anciens chefs d'état-major, comme Jean-Louis Georgelin, et quelques généraux de second rang. Il échangera également avec de nombreux industriels de l'armement, inquiets de l'avenir des programmes lancés sous Nicolas Sarkozy, et qu'il s'emploie à rassurer.

Tranquilliser des militaires auxquels les socialistes n'inspirent traditionnellement guère confiance : voilà qui constituera l'essentiel du message de François Hollande. Son discours consacré à la politique de défense du 11 mars 2012 en fournit la parfaite illustration. « La guerre n'est pas le passé, cela peut être l'avenir, c'est à vous d'être les gardiens de notre paix, de notre sécurité, de cet avenir », proclame Hollande, citant un propos de François Mitterrand adressé en 1995 aux militaires. Comme son modèle présidentiel, le candidat du PS assure l'armée de sa respectueuse considération ; réaffirme ce qui constitue sa principale promesse de campagne, un retrait d'Afghanistan avant 2012 ; promet aux industries de défense l'appui de l'État ; rassure les militaires quant à leurs inquiétudes budgétaires : « La tentation peut être forte de faire de la défense une variable d'ajustement. Il y aura des économies à faire. Mais aussi un respect des conditions de notre indépendance. La défense contribuera dans les mêmes proportions que les autres missions de l'État », promet-il. En réalité, entre opérations extérieures et dispositifs de lutte contre le terrorisme intérieur, la

Défense sera le ministère le plus épargné par les restrictions budgétaires… Enfin, autre savoureuse ironie de l'histoire, l'adversaire de Nicolas Sarkozy jure de consulter davantage la représentation nationale en matière de déclenchement des opérations extérieures : « Le rôle du Parlement sera étendu dans l'approbation des décisions d'engagement de nos forces », assure le candidat socialiste qui s'en prend à la « pratique exagérément concentrée et souvent désordonnée » de celui qu'il appelle « le candidat sortant ». Les épisodes malien et syrien montreront qu'il n'en sera rien, bien au contraire.

C'est en recourant fort classiquement à Jaurès que le candidat termine son discours : « Les armées participent de la cohésion de la Nation. » Prémonitoire ? « Rétrospectivement, ce qui est frappant chez lui, c'est qu'il ne connaît pas ces sujets, raconte un proche de Le Drian. Il ne sait pas comment ils sont traités, n'a jamais été au cœur du régalien. Mais il démontre pendant la campagne qu'il sait s'organiser pour les traiter. » En mars 2012, Jean-Yves Le Drian se rend à Londres, à Bruxelles et aux États-Unis, pour s'y présenter, exposer le projet français de retrait d'Afghanistan et rassurer sur la volonté de François Hollande de demeurer dans le commandement intégré de l'OTAN. Dans l'esprit du candidat, le casting est fixé : c'est Le Drian qui s'installera à l'hôtel de Brienne. Tout comme il ne dira rien à Manuel Valls de ses intentions de le nommer à l'Intérieur, il taira à Le Drian sa future nomination aux armées. Secret défense… La première décision prise sur le terrain militaire par le président François Hollande sera donc le retrait des forces françaises investies depuis 2001. Il confirme là son engagement de campagne : à la fin de l'année 2012, « il n'y aurait plus un seul soldat combattant en Afghanistan ».

Il lui reste à l'annoncer officiellement, en personne, à Barack Obama le 18 mai à Washington, puis à ses alliés de l'OTAN, lors du sommet de l'Alliance atlantique, les 20 et 21 mai 2012 à Chicago. Deux jours après son investiture officielle, François Hollande s'envole pour sa première apparition parmi les grands de ce monde, porteur d'une bien mauvaise nouvelle. « Ça ne fait même pas une semaine que tu es là, et tu dois annoncer à tes alliés que tu t'en vas d'Afghanistan. Et, en plus, tu sais que tu n'as pas le droit de te planter car c'est ton premier sommet », résume un conseiller à la Défense. La mission s'avère délicate et le président soumis à forte pression.

Dans la *war room* de l'Airbus présidentiel, déjà rebaptisé *Air Hollande One* par l'équipe de l'Élysée, ses nouveaux conseillers diplomatiques présentent au président les notes qu'ils lui ont concoctées avant l'entretien avec le président américain. L'un d'eux s'en souvient encore : « On lui avait préparé le dossier Quai d'Orsay classique et planplan, avec toute l'histoire des relations franco-américaines depuis le général Lafayette et les mêmes éléments de langages usés jusqu'à la corde. Mais Hollande nous a sèchement retoqués : "Ça ne va pas du tout. J'ai quatre messages à passer à Obama : le retrait d'Afghanistan ; la question du bouclier antimissile ; le maintien de la France dans l'OTAN ; la crise économique et financière, avec un message qu'il pourra partager sur la croissance face à la position d'austérité de Merkel. Vous me réécrivez tout ça." On a pris une grande claque. On est sortis de la salle de réunion et on a retravaillé le texte jusqu'à l'atterrissage... »

Le 18 mai, un peu avant midi, dans le bureau ovale, sous le portrait de George Washington, François Hollande entreprend donc Barack Obama, essentiellement sur le retrait français d'Afghanistan. Le président français lui demande « de comprendre ce qu'on allait faire ». « Cela ne nous facilite pas la tâche », déplore Obama, qui s'inquiète de savoir si les Français continueront à assurer certaines missions de protection à Kaboul, notamment autour de l'aéroport et de l'hôpital. François Hollande le rassure sur ce point. Le président américain assure cependant à son homologue qu'il comprend sa décision, et rappelle qu'il a lui-même « été élu sur un désengagement ». Soixante-dix minutes d'entretien au sommet, dont vingt en tête à tête sans collaborateurs, une marque d'estime diplomatique. Puis un déjeuner à Blair House, la résidence des hôtes de marque, à deux pas de la Maison Blanche. Bref, un « moment merveilleux dans une journée merveilleuse », s'extasie la secrétaire d'État, Hillary Clinton. Le moment, comme le sommet de l'OTAN qui suit deux jours plus tard, est évidemment présenté comme un succès diplomatique par le tout nouveau staff de l'Élysée. Un des patrons de la cellule diplomatique en conserve un souvenir ému : « Parmi les mâles dominants de la terre, il était tout de suite articulé. Il y avait Obama et lui. »

En ces jours de mai, le « PR » et son équipe planent sur un petit nuage. « Quand vous arrivez au poste de chef d'État, il se passe quelque chose d'extraordinaire, témoigne l'ancien ministre des Affaires étrangères, Hubert Védrine. Obama vous parle, vous parlez à Merkel, à Poutine. Vous voyez la terre de très haut, il n'y a plus de turbulences. Vous avez l'impression d'être au-dessus du cumulo-nimbus. » L'ivresse des sommets, en quelque sorte... Hollande vient de poser le pied sur l'Olympe et il détient alors la foudre. Il faut prendre conscience de la lourdeur de la charge qui s'abat à cet instant sur le nouvel élu : « Lorsqu'il prend place dans le fauteuil, toute la responsabilité lui tombe dessus, rappelle un membre de l'état-major particulier du président. Au moment même où il pénètre à l'Élysée, il est rattrapé par des décisions immédiates. » Un haut responsable de la Défense confirme : « On vous explique comment fonctionne le PC, ce qu'on peut détruire en agitant un bout d'index, le nombre d'hommes à disposition nuit et jour pour faire fonctionner l'arme fatale... Vous devenez puissance nucléaire sans avoir le temps de réfléchir. »

Le président fait l'apprentissage express de son rôle de chef des armées : les aides de camp présidentiels qui l'accompagnent en tous lieux et à toute heure, porteurs, dans une mallette noire, du « poste de commandement mobile » ; le rôle de l'état-major particulier, courroie de transmission des ordres présidentiels à l'état-major des armées ; les procédures concernant l'usage de la force de frappe nucléaire. C'est le général Benoît Puga, chef de l'état-major particulier de Nicolas Sarkozy, qui assure la transition et fait le tour du propriétaire avec le nouveau président. Cet ancien du 2e REP a l'occasion de le constater : si François Hollande est sur ce terrain un novice, il a étudié de près la façon dont ses prédécesseurs, Mitterrand bien sûr, mais aussi Chirac et Sarkozy, ont endossé l'habit de chef des armées et suivi les dossiers militaires. La primauté du politique, toujours… « Les autorités militaires m'ont accepté sans barguigner », commentera-t-il après son élection, ravi de constater que la transition républicaine s'opère en dépit d'éventuelles réticences politiques de l'état-major.

Le 25 mai 2012, quatre jours après le sommet de l'OTAN, François Hollande atterrit à Kaboul, d'où il décolle à bord d'un hélicoptère Caracal de l'armée de l'air. « On n'a pas osé lui mettre un casque », s'amuse l'un des haut gradés qui l'accompagnent. Direction la base de Nijrab, en Kapisa, à une quarantaine de kilomètres de Kaboul, où il rencontre les soldats français. La question du retrait logistique reste d'une complexité extrême. Pour éviter de devoir payer les sommes exorbitantes exigées pour passer par le Pakistan ou les voisins de l'Afghanistan, François Hollande téléphone à Vladimir Poutine : il lui demande d'intervenir auprès des dirigeants des ex-Républiques soviétiques d'Asie centrale afin de faciliter le retrait des forces françaises. « Il m'avait promis qu'il le ferait et il l'a fait », racontera Hollande quelque temps plus tard. Dix jours après son investiture, le président a donc instantanément empoigné le dossier. « Il s'est emparé du sujet quand il a pris la toge impériale et s'est aperçu que c'était pas mal de rencontrer les grands de ce monde, estime un ancien ministre de la Défense. Il s'est totalement et instantanément glissé dans les institutions de la Ve et dans la position du Jupiter tenant la foudre entre les dents… »

Hollande aux deux visages

Plus de trois ans plus tard, et alors que François Hollande s'attaque au dernier tiers de son quinquennat, il offre, à l'usage, un relief singulièrement contrasté : un président qui joue prudemment à domicile, au risque de devoir subir un incessant procès politique en temporisation, indécision et indétermination ; mais qui prend des risques et lance sans hésiter ses troupes à l'extérieur. Un Hollande aux deux visages se cacherait-il à l'Élysée ? Le premier n'a pas empoigné l'affaire Cahuzac, et a dû en subir les secousses. Il a tergiversé sur le mariage pour tous en évoquant, faute politique, la « liberté de conscience » des maires. Il n'a pas tranché, au moment de l'affaire de Florange, entre son Premier ministre, Jean-Marc Ayrault, et son ministre de l'Industrie, Arnaud Montebourg, et a enduré sans broncher, deux ans durant, les attaques et critiques de ce dernier à son encontre. Il n'a pas su prendre une position claire et nette lors de l'affaire Leonarda Dibrani et, ce jour-là, a frisé le ridicule. Et il a dû finalement se résoudre à se séparer de Jean-Marc Ayrault, qu'il entendait conserver, pour céder à la pression de Manuel Valls qu'il a installé à Matignon. L'autre Hollande, lui, a déclenché trois interventions d'ampleur (Serval au Mali, Sangaris en Centrafrique et Barkhane dans la région sahélienne), caressé l'espoir d'une quatrième contre le régime de Damas, et il s'est finalement résolu à en lancer une cinquième, cette fois contre l'État islamique en Syrie.

Y aurait-il chez le président une forme de schizophrénie politique, entre la conduite des affaires nationales et celle des dossiers diplomatiques et militaires ? Un des anciens responsables de sa communication à l'Élysée assure l'avoir personnellement constaté : « Sur les questions nationales, tu as toujours l'impression de voir le premier secrétaire du PS. Il a plus de mal que d'autres à trancher et à s'engager. À chaque fois, ce sont des coups à six ou sept bandes. Sur le terrain international, plus du tout : il n'a jamais vacillé par rapport à ces sujets. Tu sentais une détermination. Ça se constatait presque physiquement sur son regard, son visage, son comportement corporel. »

Cette dichotomie va bien au-delà du storytelling élyséen distillé, de bonne guerre, par les communicants pour rétablir l'image passablement dégradée du chef de l'État. Si François Hollande se montre plus audacieux au-delà des frontières, est-ce parce qu'il a de moins en moins de prise sur la réalité politique et économique du pays ? Conformément à une tendance qui s'accentue depuis François Mitterrand, la marge de manœuvre du président, face à une mondialisation exponentielle et une crise économique persistante, s'est réduite comme peau de chagrin. « L'État ne peut pas tout », avait concédé Lionel Jospin en 2000, face à un plan de licenciements à l'usine Michelin, en un aveu de faiblesse qui lui coûta fort cher politiquement.

Quinze ans plus tard, l'État peut encore moins et François Hollande en a tôt fait l'amère expérience. Sa promesse d'inverser la courbe du chômage a fait long feu, comme le retour tant annoncé de la croissance, et celle de résorber entièrement les déficits budgétaires à la fin du quinquennat s'éloigne inexorablement. Il a subi quatre défaites électorales d'ampleur (municipales, européennes, sénatoriales, départementales) et s'apprête à en encaisser une cinquième aux régionales. Sa courbe sondagière s'est rapidement effondrée et ne semble pas devoir connaître de rétablissement notable. Le champ politique national s'est révélé un terrain miné, duquel les affaires du monde et de la guerre vont lui permettre de s'éloigner. Phénomène classique décrit par Hubert Védrine : « N'importe quel sujet économique et social est horriblement compliqué. Les informations paraissent dans la presse avant même que les choix soient arbitrés, les lobbyistes courent dans tous les sens et la prise de décision est devenue un calvaire. Les responsables arrivent percés de flèches, exsangues. Alors que, à l'international, vous avez un espace de réalisation et de pouvoir, un espace prodigieusement excitant où on a l'impression d'être affranchi de toutes les contraintes. Il y a une espèce de jouissance. À l'opposé d'une société où tout le monde dispute de tout dans des controverses sans fin, là, c'est carré. »

Séduisante théorie que celle d'un François Hollande fuyant les vicissitudes de son quotidien politique pour les délices des « opex », les opérations extérieures… Un peu trop, sans doute. Le scénario d'un chef de l'État addict à la guerre au point de ne plus pouvoir s'en passer occulte une tendance lourde de l'activité présidentielle : avant lui, tous ses prédécesseurs, particulièrement les deux derniers, avaient trouvé dans les affaires du monde un terrain de liberté face à un quotidien politique de plus en plus contraint. La force des institutions, toujours. « À l'international, le président de la Ve République a tous les pouvoirs, rappelle l'un des ministres du quai d'Orsay. Il n'a à tenir compte de personne et la moindre décision peut être appliquée dans la minute qui suit. Il n'y a pas de synthèse. » Même liberté de choix sur le terrain militaire. Un général proche de l'Élysée le dit à sa façon, martiale : « Il y a un gros avantage : sur ces affaires, le président est tout seul, avec son gouvernement autour de lui et son armée, mais sans parasitage extérieur. On a un processus de décision qui est exceptionnellement organisé et court. Pas de syndicat ou d'ONG qui polluent. Il peut agir directement. »

Confronté à l'impuissance croissante de l'exécutif à « changer la vie », assailli par les difficultés, François Hollande a mécaniquement trouvé dans la guerre un havre, sinon de paix, du moins de tranquillité politique. « Dans un moment où tout se dérobe sur le plan budgétaire, sociétal, électoral, où le gouvernement est au fond du trou et où on compte les couacs des ministres, la Défense, voilà enfin un truc qui marche, explique un officier. Vous appuyez sur le bouton, et les militaires, ravis de servir, se mettent au garde à vous pour exécuter vos ordres. C'est le bonheur ! » Avec l'armée, il dispose d'un bras prêt à frapper à sa demande, où le « confidentiel défense » évite fuites et couacs, là où d'autres administrations renâclent et traînent des pieds. Avec la diplomatie, il jouit d'un terrain de jeu aux possibilités infinies, ou presque, au regard du bourbier politique national.

La métamorphose presque immédiate d'un homme politique qui n'avait jamais franchement goûté la guerre surprend d'autant plus que le tempérament de François Hollande semble à l'opposé. Au niveau politique, il s'est surtout illustré comme le grand professionnel de la synthèse, orfèvre du compromis, spécialiste ès temporisations et grand ordonnateur de commissions destinées à statuer, mais surtout à gagner du temps. Sur un plan personnel, il abhorre le conflit et l'affrontement, auxquels il préfère l'esquive, les stratégies d'engluement ou la manœuvre de revers. Diagnostic d'un diplomate du quai d'Orsay : « Je ne crois pas que Hollande était un guerrier et un diplomate avant d'entrer à l'Élysée. Mais les circonstances ont fait qu'il s'agit des secteurs où il excelle le plus, alors que l'on ne l'y attendait pas. Premier secrétaire du PS, il était expert en courants et surdoué des manœuvres, capable de naviguer dans un imbroglio auquel peu de gens comprennent quelque chose. C'est un poste difficile qui l'a préparé à la diplomatie. L'art de la synthèse a été critiqué, mais les meilleurs diplomates sont ceux qui arrivent à un compromis… Dans un G8, un conseil de sécurité de l'ONU ou une nuit de négociation avec Poutine, ça peut servir d'avoir passé quelques nuits dans les congrès socialistes. La meilleure école diplomatique française n'est-elle pas celle du PS ? »

Il n'y aurait donc pas tant d'écart entre Docteur Hollande et Mister François, entre celui, si mou, du champ de bataille national, et celui, tellement dur, des conseils de défense. Les institutions et le jeu des « circonstances » se sont tôt chargés de faire surgir le second sous le premier. Le télescopage s'est d'ailleurs produit le 11 janvier 2013, quand les impératifs de la guerre au Mali ont bousculé le tranquille agenda de la « démocratie sociale », l'une des grandes promesses du candidat Hollande qui, pendant sa campagne, assurait qu'à la loi il préférerait la négociation et la conclusion d'accords collectifs entre syndicats et patronat. La signature, ce jour-là, de l'accord national interprofessionnel (ANI) par le Medef et trois syndicats (CFDT, CFE-CGC et CFTC, mais sans FO ni la CGT) devait donc être une victoire politique d'importance pour le président et une éclatante démonstration du succès de sa consensuelle méthode. Mais l'ordre des priorités s'est brutalement inversé. L'opération Serval a tout emporté. Le vendredi soir, après avoir piloté la signature de l'accord, Michel Sapin, alors ministre du Travail, lui adresse ce SMS un peu dépité : « Je sais bien que c'est pas ton sujet, mais l'accord vient d'être signé… » Le ministre a parfaitement compris que l'ANI est subitement devenu secondaire. Sous la social-démocratie, l'uniforme…

Hollande, comme Janus, offrirait-il deux faces, l'une tournée vers le consensus, l'autre vers la guerre ? Les familiers de la politique relativisent, ainsi Michel Sapin : « S'agit-il de deux visages ou de deux situations ? On ne peut être autrement que tranchant sur les questions de sécurité. Si vous ne l'êtes pas, vous êtes un indécis, et donc extrêmement dangereux. Il faut décider. » Le ministre de l'Intérieur Bernard Cazeneuve, en écho : « Ce sont les processus de décision, la nature de la matière qui font que la temporalité n'est pas la même. Faire voter une loi de finances n'implique pas la même réactivité que de décider d'une intervention des forces spéciales sur les terroristes. Quand les djihadistes attaquent Bamako, vous n'organisez pas un symposium… »

Afin d'éclairer ce dédoublement de personnalité politique, il convient sans doute à cet instant de laisser la parole au principal intéressé, qui a parfaitement mesuré que l'annonce d'un dispositif fiscal n'a pas la même portée qu'une opération extérieure. « Aucune décision économique n'a la même valeur symbolique que le déclenchement d'une intervention, estime François Hollande. Les choix économiques correspondent à une orientation, mais ne se prennent pas avec la même gravité que lorsqu'on décide d'une intervention, de la vie et de la mort. Les décisions fiscales, même lourdes, se déclinent dans une loi de finances, et se vérifient quelques mois après pour les assujettis. Le pacte de responsabilité, je l'annonce le 14 janvier 2014. Mais que se passe-t-il le 15 ? Une opération militaire, le jour où elle est décidée, elle se voit tout de suite. »

Alors que sa communication, dans ce quinquennat, a souvent été jugée brouillonne, son message mou, son image floue, les guerres du président auront constitué autant de rares moments de clarté. « Il y a une séquence qui est facile à comprendre pour les Français : il y avait un problème ou une épreuve, il y a eu une décision puis un dénouement. C'est terminé. La guerre, c'est une scène. L'économie, c'est un récit. La lecture est beaucoup plus facile sur les questions régaliennes ou internationales que sur les questions économiques », estime François Hollande. Dans le film de son quinquennat, force est de constater que les « scènes » militaires à grand spectacle auront davantage marqué les esprits que le « récit » raconté sur l'économie, d'autant plus que les résultats manquent toujours. Les guerres ont au moins le mérite d'offrir des images nettes de l'action. Et François Hollande, pour ce faire, dispose d'habiles metteurs en scène, entièrement dévoués.

CHAPITRE 4

Les faucons du président

« Amiral, je ne vous prends pas en traître : nous reprenons le pouvoir ! » Lorsqu'en mai 2012, Cédric Lewandowski, le directeur de cabinet du nouveau ministre de la Défense, reçoit pour la première fois l'amiral Édouard Guillaud, le chef d'état-major des armées, c'est pour lui annoncer sans fard la couleur : l'Hôtel de Brienne, sous la présidence de François Hollande, sera à nouveau au centre du jeu, conformément à ce qu'avait annoncé le candidat socialiste pendant sa campagne. Voilà la haute hiérarchie militaire prévenue : les nouveaux patrons politiques de la Défense seront de vrais patrons. Contrairement à ce qui s'est passé sous le quinquennat précédent. Rompez !

La guerre, pour Nicolas Sarkozy, était de fait une affaire trop sérieuse pour être confiée à ses ministres de la Défense. Le bref intermède Alain Juppé excepté (de novembre 2010 à février 2011), ceux-ci – Hervé Morin (2007-2010), puis Gérard Longuet (2011-2012) – avaient vu leurs prérogatives largement rognées par le décret du 15 juillet 2009, qui organisait la prise du pouvoir par le chef d'état-major des armées. À ce dernier revenait non seulement la conduite des opérations et l'organisation générale des armées, mais aussi, point stratégique, la gestion de leurs ressources humaines.

Gérard Longuet en atteste : « Nicolas Sarkozy n'était pas du tout militariste, mais n'imaginait pas du tout que des décisions importantes puissent être prises sans lui. Dans le système de la Ve, le ministre peut être placé complètement sur la touche. C'est une question de confiance. » Délicat euphémisme. En matière militaire, Sarkozy, qui n'accorde visiblement pas à ses ministres une « confiance » absolue, a donc remis l'intégralité du pouvoir au CEMA. Une façon d'organiser une ligne directe entre lui et la haute hiérarchie militaire, avec son chef d'état-major particulier comme courroie de transmission, sans réelle consultation du Premier ministre et du ministre de la Défense. Dans l'opération libyenne, c'est par Bernard-Henri Lévy que Gérard Longuet avait appris la reconnaissance du CNT par la France…

Avec Jean-Yves Le Drian, c'en est fini ! Les hommes de la Défense ont la ferme intention, non seulement d'exister, mais aussi de prendre la main. « Nous reprenons le pouvoir », annonce donc Cédric Lewandowski au patron de l'armée française. L'amiral Guillaud se veut conciliant : « Ce n'est pas une surprise. Il n'y a aucun problème pour moi. » Il a néanmoins une inquiétude, et pose « une condition » : « Que vous ne touchiez pas au décret de 2005. » Un texte qui organisait le pouvoir militaire autour de l'« interarmées », croisant terre, air et mer. « Cela tombait bien, nous n'en avions pas l'intention, raconte l'un des membres de l'équipe Le Drian. On pensait déjà que l'interarmées, c'est l'avenir. » Ce que confirmera l'opération Serval, avec une coordination fluide entre les forces conventionnelles de l'armée de terre, les forces spéciales et l'armée de l'air.

La nouvelle équipe bataillera néanmoins pendant près d'un an contre la haute hiérarchie militaire, qui lui opposera une vive résistance, avant de voir le pouvoir officiellement réinstallé à Brienne. Un proche de Jean-Yves Le Drian le confirme : « Comme cette révision du décret s'est faite en plusieurs mois, au même moment que le mariage gay, la hiérarchie militaire a pu nourrir l'idée que les socialo-communistes gays, francs-maçons et juifs étaient arrivés au pouvoir pour dépouiller la France de ses fondamentaux. En réalité, nous ne faisions qu'en revenir au fonctionnement des décrets de Gaulle, légèrement amendés par Mitterrand en 1982 : il y a un président, un Premier ministre, un ministre de la Défense, avec une interaction entre les trois. Et les armées dépendent bien du ministre de la Défense, y compris sur le plan opérationnel. »

En apparence technique, cette réforme est en réalité éminemment politique. Le président procède avec la Défense comme avec le reste : en multipliant les centres de pouvoir, non seulement pour mieux régner, mais aussi pour observer la physionomie de la compétition et pouvoir ainsi s'adapter à la situation. Pas question de concéder le monopole de sa confiance à l'un ou l'autre des acteurs, qui en deviendrait mécaniquement trop puissant. Vive la compétition libre et non faussée, et que le meilleur gagne ! Le darwinisme politique, pour François Hollande, est un système de pouvoir parfaitement éprouvé. Une forme de « laisser faire, laisser aller » permettant de mesurer les rapports de force et les alliances opportunes, mais surtout, de durer. Ce fut le cas au parti socialiste, où, premier secrétaire pendant onze ans, il laissa tour à tour grimper puis refluer les uns et les autres de ses concurrents, afin de maintenir son embarcation à flot, quoique au fil de l'eau. Dans ses gouvernements successifs, il assista à l'irrésistible ascension de Valls et à la disqualification des autres ex-quadras du PS, Vincent Peillon, Pierre Moscovici, Benoît Hamon et Arnaud Montebourg. Le système prévaut donc logiquement également en matière diplomatico-militaire.

Le président décide toujours, conformément à la Constitution. Mais peut s'appuyer, pour fonder sa décision, sur plusieurs acteurs entre lesquels il peut arbitrer. Une nette rupture avec la pratique de son prédécesseur. « Hollande et Sarkozy n'ont absolument pas le même mode de gouvernement, observe Jean-David Levitte, l'ancien sherpa du deuxième. À l'époque, il y avait un patron, c'était Sarkozy. Les ministres, même le premier d'entre eux, étaient des collaborateurs. Aujourd'hui, Hollande a deux ministres de poids sur le régalien, Fabius et Le Drian. » À une extrême centralisation a succédé l'équilibre des forces, avec des jeux de pouvoir à multiples bandes et des concurrences en tous sens. C'est le cas entre l'Hôtel de Brienne et le Quai d'Orsay, mais aussi entre le cabinet de Jean-Yves Le Drian et le général Puga, et parfois entre les conseillers du président eux-mêmes… « Hollande organise en permanence un système de contre-pouvoirs », témoigne un conseiller de la Défense. Un de ses collègues du quai d'Orsay confirme : « Vu qu'avec Hollande les rôles ne sont pas très tranchés, tout le monde peut faire sa vie. »

De fait, si le chef d'état-major des armées a perdu de sa superbe dans le système hollandais, plusieurs faucons vont pouvoir y déployer leurs ailes, contribuant ainsi au tour de plus en plus guerrier pris par le quinquennat.

Jean-Yves Le Drian, le bon soldat

C'est son côté nature : tous les jours, à 17 heures, Jean-Yves Le Drian, quelles que soient les circonstances, décapsule une bière. Le ministre de la Défense ne dédaigne pas de cultiver le cliché du Breton simple, taiseux mais sérieux. Le type politique qui ne paie pas de mine mais qui, discrètement, étend et fortifie ses positions. Arrivé sans faire de bruit au gouvernement, l'ancien député et maire de Lorient, agrégé d'histoire, a sans conteste été initialement sous-estimé par ses collègues. Ce fut le cas du ministre des Affaires étrangères, qui a longtemps affiché pour lui une souveraine condescendance.

« Fabius a un mépris caractérisé pour tout le monde, mais particulièrement pour Le Drian, raconte un conseiller au quai d'Orsay. Il lui parlait très mal : “Bon alors Jean-Yves ? Qu'est-ce que tu fais ? Qu'est-ce que c'est que cette histoire ?” » Une forme de dédain que beaucoup regretteront amèrement par la suite. Car ce proche de Hollande, dès l'opération Serval, s'est imposé comme l'un des poids lourds du gouvernement. Proche parmi les proches du président, il l'est devenu encore davantage au fil du quinquennat, à mesure que celui-ci accentuait son virage sécuritaire.

« En mission » : c'est ainsi que Le Drian a défini son

job auprès de François Hollande. Le parfait petit soldat, qui, très vite, est devenu grand. À l'inverse de son ami « de trente ans », Le Drian s'est toujours passionné pour les affaires militaires. Natif de Lorient, siège de deux unités d'importance, la base aéronavale de Lann-Bihoué et celle des fusiliers marins et commandos, il les a étudiées de près en tant que maire de la ville, puis, une fois élu député, à la commission de la défense de l'Assemblée nationale.

Entre François Hollande et Jean-Yves Le Drian, c'est une vieille histoire. C'est à Lorient que furent lancés autour du premier, en 1984, les « transcourants » du PS, destinés à dépasser les clivages entre écuries socialistes et, plus tard, à soutenir la destinée présidentielle de Jacques Delors. Et c'est encore à Lorient que François Hollande, remplacé au premier secrétariat du PS par Martine Aubry et au fond du trou politique, lança en 2008, devant quelques rares amis, sa longue marche vers la candidature à la présidentielle. Entre les deux événements, presque un quart de siècle et une amitié solide.

C'est Hollande, alors premier secrétaire, qui demande en 2006 au président du conseil régional de Bretagne d'être le répétiteur de sa compagne Ségolène Royal, alors candidate à la présidentielle, pour les affaires stratégiques. « Si Royal était élue, Le Drian aurait été ministre de la Défense », assure l'un de ses proches. Nicolas Sarkozy, tout à son opération ouverture et sa stratégie de débauchages tous azimuts, tentera même de le recruter. Quelques jours avant le premier tour des législatives de juin 2007, alors que Le Drian tracte dans une allée de Lorient, son portable sonne. C'est Sarkozy, qui lui offre la Défense sur un plateau. « Impossible », décline poliment le Breton.

Malgré l'insistance d'un autre vieux complice de Hollande, Jean-Pierre Jouyet, qui, pour sa part, a succombé aux charmes du sarkozysme triomphant, il ne cédera pas. « Ce serait péché de dire qu'on n'a pas hésité une fraction de seconde, avoue l'un de ses vieux amis. En fait, on a hésité une nuit. » Mais l'ancien secrétaire d'État à la mer du gouvernement d'Édith Cresson ne saurait décemment passer à l'ennemi pour un plat de lentilles. L'épisode, entre Sarkozy et Le Drian, est même devenu un motif récurrent de plaisanterie : « Alors, tu as réfléchi ? »

C'est bien sous l'étendard François Hollande que s'est indéfectiblement engagé Jean-Yves Le Drian. Ce dernier en est convaincu : « Hollande sera notre candidat. Il sera notre futur président. » À l'époque, son entourage éclate de rire… Après 2007, Le Drian continue à plancher sur les dossiers de défense et maintient en veille le cercle « Sémaphore », composé d'experts, de militaires et de hauts fonctionnaires, autour de l'ancien patron d'EDF François Roussely et de Cédric Lewandowski, ancien chef de cabinet d'Alain Richard à la Défense sous le gouvernement Jospin. Quand, en janvier 2011, François Hollande, désigné candidat, confie le dossier à Le Drian, celui-ci n'a qu'à réactiver son réseau dormant pour l'alimenter en fiches et en notes, préparer les dossiers et rencontrer des haut gradés et des responsables de la Défense à la Maison de la Bretagne, à Paris, et dans d'autres lieux plus discrets encore. Pendant la campagne, il sera dépêché par Hollande à Washington, porteur d'un message pour le Pentagone. En substance, selon son entourage : « Soyez tranquilles, les chars de Moscou n'arriveront pas avec Hollande ! » Quand ce dernier est élu, Le Drian n'a pas le moindre concurrent pour lui barrer la route de l'hôtel de Brienne, alors qu'ils sont légion autour des autres grands ministères régaliens. Il s'impose comme une évidence.

Le 17 mai 2012, à 9 heures du matin, Jean-Yves Le Drian investit l'hôtel de Brienne. Vingt-quatre heures plus tard, il est dans l'avion présidentiel pour Washington. À peine revenu à Paris, il repart pour l'Afghanistan... Avec le nouveau ministre, le président dispose, au milieu d'un gouvernement composé pour l'essentiel de débutants, d'un lieutenant solide et déjà opérationnel. Un lignard prêt à l'appuyer tactiquement en toutes circonstances. « Il n'est pas en admiration devant Hollande, il n'y a pas chez lui de temple qui lui est dédié », tempère un proche.

Les deux hommes se révèlent cependant en parfaite symbiose politique. Le Drian a toujours épousé parfaitement la ligne de Hollande. Il affiche un parcours électoral en tout point similaire au sien, celui, emblématique, des grands barons du PS, cumulant présidence d'un exécutif local et mandat parlementaire. En trois décennies, il ne l'a jamais abandonné, comme tant d'autres. Et surtout, il sait tenir sa langue. « Je ne m'étale pas, expliquait-il au début du quinquennat. C'est mon tempérament. Je ne suis pas quelqu'un qui fonctionne à l'esbroufe. » Le genre « confidentiel défense », homme de confiance, parfait là où les ministres parlent trop, multiplient les couacs, voire cherchent à plomber le président de l'intérieur, comme le camarade Montebourg.

Rien de tout cela avec le patron de la Défense, l'un de ceux qui échangent le plus avec le président au quotidien, au téléphone et par SMS. Les opérations Serval au Mali et Chammal en Irak, comme l'épisode des frappes avortées en Syrie, lui ont permis de démontrer à François Hollande qu'il disposait d'une administration aux ordres, en parfait état de marche, mais également de gagner peu à peu les faveurs de l'armée. Chez les militaires, et plus généralement à droite, on commence à apprécier les charmes de ce ministre socialiste qui comprend si bien l'armée. Et qui y jouit, de ce fait, d'une excellente presse, comme en témoigne cette une du très droitier hebdomadaire *Valeurs actuelles*, avec sa photo pleine page : « Le guerrier. L'homme qui se bat contre la barbarie djihadiste et l'angélisme de son camp. »

Coaché par Sacha Mandel, un jeune et efficace conseiller en communication, issu des rangs de Havas, le produit Le Drian, pas spécialement glamour, est devenu une valeur sûre. Un ministre *bankable*. Dans l'offre politique, si faible, du gouvernement Ayrault, il sera volontairement mis en avant par l'Élysée, comme Manuel Valls l'a été sur la sécurité. C'est le président qui décide de l'installer en pleine lumière pour rendre compte, à épisodes réguliers, des avancées de l'opération Serval. Il le charge également de vendre l'opération Sangaris en Centrafrique. Le ministre s'exécute : pas moins de quatre interviews en quarante-huit heures après son déclenchement. Mission accomplie…

Alors que tout se délite, Jean-Yves Le Drian s'est imposé comme une pièce maîtresse du dispositif hollandais. Il parvient même à faire pression sur le président en faveur de sa boutique et à peser durement, dans un contexte de restrictions généralisées, dans les arbitrages budgétaires qui la concernent. Entre les nécessités militaires et l'indispensable rigueur gestionnaire, la tension atteindra son paroxysme au printemps 2014 : pour éviter que la loi de programmation militaire qu'il vient de défendre devant les armées soit revue à la baisse, le ministre met sa démission dans la balance. Il ira même jusqu'à poser dans *Paris Match*, martial, devant les Invalides, à côté d'un canon pointé… sur la rive droite, en face. Feu sur l'Élysée ! Le coup de com est un peu gros. Au Palais, le général Puga est scandalisé.

« Nous avons mené une campagne extrêmement forte, concède un proche de Le Drian. Ça a déplu, mais c'était fait pour. La ligne, c'était : si nous n'avons pas notre argent, nous partons, et les chefs d'état-major partent avec nous. Hollande était mal. On s'est dit : si on se barre, c'est la crise de régime. » L'affaire donnera lieu à de violentes explications de textes, en tête à tête, entre Hollande et Le Drian. Mais le président, considérablement affaibli, ne peut se permettre de perdre l'un de ses rares atouts maîtres, d'autant plus que le ministre vient de s'assurer par ce coup d'éclat le soutien des armées. Le Drian obtiendra gain de cause. « C'est la première loi de programmation militaire de l'histoire de la République qui est revue à la hausse », se félicite-t-on dans l'entourage du ministre… La réalité est moins flatteuse : le contexte financier demeure des plus tendus, et l'armée, engagée sur tous les fronts, alors que ses moyens humains et matériels déclinent exponentiellement, reste au bord de la crise de nerfs. Mais ce bras de fer lui donnera une bouffée d'oxygène et permettra au ministre de gagner encore un peu de sympathie auprès des militaires.

La Défense, sous la houlette de Le Drian, est devenue un pilier du régime hollandais. Son influence grandissant, elle n'aura de cesse de se tailler de conséquentes parts du marché gouvernemental. L'extension du domaine du ministre va d'abord s'effectuer sur le continent africain, aux dépens du Quai d'Orsay, et même de certains conseillers élyséens. Avec, pour rampe de lancement, l'opération Serval, qui avait permis le surgissement inattendu du ministre. Une conseillère, qui a observé la manœuvre depuis le ministère des Affaires étrangères, se le rappelle : « La manière dont la Défense a niqué le Quai d'Orsay sur le Mali est magistrale. Dès lors qu'il y a eu guerre, ils ont fait tout ce qu'il fallait pour être au centre du jeu. Il y a eu inversion du rapport de force entre Fabius, le grand chef à plumes qui dispensait doctement avis et conseils, et l'intendant des armées. Le Drian est sorti de son statut d'expert en défense et ami du président, pour devenir le ministre de la Défense d'un pays en guerre, à l'action valorisée et au parcours sans faute. Il a totalement bouffé la laine sur le dos de Fabius. »

La diplomatie s'est logiquement effacée devant la guerre. Et Le Drian va progressivement s'installer dans la position du « ministre de l'Afrique ». Un de ses proches atteste de cette stratégie expansionniste : « Après le Mali, on a regardé et on s'est demandé : "Mais qui s'occupe de l'Afrique au gouvernement ?" Et Le Drian a dit : "Super, j'y vais." Il a occupé le vide. » Les avancées du ministre de la Défense sont facilitées par le désintérêt manifesté par Laurent Fabius pour le continent, en particulier l'Afrique de l'Ouest francophone, et plus globalement par l'administration du quai d'Orsay. L'Hôtel de Brienne va aussi profiter du terrain laissé libre par la conseillère en charge de l'Afrique à l'Élysée, Hélène Le Gal.

Excellente connaisseuse du continent, cette diplomate est la première femme à occuper ce poste sensible. Ex-conseillère du ministre de la Coopération Charles Josselin, dans le gouvernement de Lionel Jospin, Hélène Le Gal est, incontestablement, une diplomate de gauche, sensible à une vision plus humaniste de l'Afrique, axée sur la coopération et le développement, et moins sur le militaire. Elle s'est installée, comme les autres conseillers diplomatiques, au 2, rue de l'Élysée, qui abrita longtemps la sulfureuse cellule Afrique de l'Élysée. Mais ce temps est révolu, à en croire la conseillère, qui assure que la rupture avec la Françafrique, promise par François Hollande, est réelle, à la différence de celle qui avait été annoncée par son prédécesseur, Nicolas Sarkozy. « Il s'agit d'avoir une politique globale vis-à-vis du continent, pas seulement en direction des pays francophones, et de normaliser les relations, explique-t-elle. Certains avaient déclaré la fin de la Françafrique, mais avaient continué à nourrir des réseaux. Aujourd'hui, vous pouvez chercher, il n'y a rien, plus de réseaux. Ou s'il en reste, ils sont totalement déconnectés de la présidence française. »

Cette fort louable vision ne résistera guère face au bulldozer de la Défense. Comme le dira élégamment un autre des membres de l'équipe Le Drian : « Le Gal, sur le Mali, on lui a marché sur la gueule ! » Cynisme totalement assumé par cet autre proche du ministre de la Défense : « La thèse, à l'Élysée, c'est : "Fini la Françafrique, tout ça c'est des dictateurs sanguinaires auxquels on ne parlera pas. Donc, on fait de la protection des éléphants et des femmes. On va peut-être nous décerner des diplômes de vertu dans *Libé*, mais qui va traiter les soucis ? En réalité, cette vision conduit à diminuer l'influence du président lui-même auprès de nos alliés, des leaders africains qui sont nés sous la France, qui ont des égards pour nous et qui sont les derniers pays du monde où nous avons encore de l'influence!" »

Chaque jeudi, une réunion regroupe des représentants de l'Élysée, de la Défense, du Quai d'Orsay et du secrétariat d'État au développement du gouvernement sur les dossiers africains. Et il y est surtout question de crises et de sujets militaires... Outre l'opération Serval au Mali, et son prolongement, l'opération Barkhane, dans toute la zone sahélienne, la France apporte son soutien (renseignement, logistique, carburant) au Tchad, engagé contre les djihadistes nigérians de Boko Haram. La DGSE, les services secrets extérieurs, a mis en place en février 2014, à Abuja, la capitale nigériane, une cellule de renseignement commune aux pays du « G5 Sahel » (Mali, Niger, Mauritanie, Burkina Faso, Tchad), coopération régionale afin de lutter contre le terrorisme transfrontalier. Le retour de la France en son pré carré africain, malgré les déclarations d'intention des débuts du quinquennat, est donc essentiellement sécuritaire. Après le remake de Kolwezi, rejoué par les paras français à Tombouctou, l'armée d'Afrique serait-elle de retour ? « Hollande a totalement sous-traité cette politique africaine à Le Drian, résume un proche de ce dernier. Et Le Drian s'en occupe de façon hyper-pragmatique, en mode realpolitik africaine. »

À charge pour le ministre de sillonner fréquemment le continent pour y conduire une diplomatie sécuritaro-militaire décomplexée. Laquelle passe forcément par des relations poussées avec quelques dirigeants locaux guère portés sur les bonnes pratiques démocratiques, à commencer par le président tchadien. Installé au pouvoir en 1990 avec l'aide de la France, régulièrement soutenu par les militaires français lors de tentatives de coups d'État, Idriss Déby règne d'une main d'acier depuis un quart de siècle sur les destinées du Tchad : sévère répression, disparition d'opposants et, plus récemment, expulsion de journalistes étrangers. Et sans que François Hollande, depuis son élection, s'en soit particulièrement ému, même si l'Élysée indique avoir régulièrement fait passer des messages à N'Djamena en ce sens. Comme dans le golfe Persique, Paris, sur un théâtre chaotique, a besoin de « points d'appui » solides, qui valent bien quelques concessions. « C'est un régime que l'on peut qualifier de militaro-claniste, mais qui dispose d'un appareil militaire sur lequel on peut s'appuyer, explique un conseiller de l'Élysée. Quand on parle sécurité, dans la région, Déby est un interlocuteur incontournable. Le président n'est pas complaisant et il sait parfaitement que le Tchad n'est pas un modèle de démocratie. Mais il faut parler avec un certain nombre de régimes qui ne sont pas hyper-démocratiques et qui comptent sur le plan sécuritaire dans la région. »

Seule puissance militaire d'envergure de la zone, le Tchad a fourni à l'opération Serval son plus gros contingent africain : environ 2 400 soldats, sous commandement du fils du président, le général Mahamat Idriss Déby Itno. Les vaillants soldats tchadiens sont ceux qui ont payé, avec 36 tués, le plus lourd tribut aux opérations de nettoyage des grottes et cavernes de l'Adrar des Ifoghas, dans des combats acharnés menés à courte distance. Voilà qui vaut bien quelques égards et Jean-Yves Le Drian, chargé de traiter avec Idris Déby, se charge régulièrement de le rappeler à François Hollande. Alors que ce dernier, en février 2014, prépare une tournée ouest-africaine, Côte d'Ivoire et Niger, Jean-Yves Le Drian l'appelle : « Tu ne peux pas passer là-bas sans passer à N'Djamena ! » Le chef de l'État s'exécutera et rendra cinq mois plus tard une visite de courtoisie à l'ami Déby, à l'occasion de l'installation à N'Djamena du commandement de la force Barkhane, qui succède à l'opération Serval. Le ministre de la Défense persuadera également le chef du gouvernement Manuel Valls d'en faire de même, quatre mois plus tard. L'étape de N'Djamena devient un passage obligé pour l'exécutif français...

Le président peut dormir tranquille : Le Drian patrouille dans la zone ouest-africaine, quadrillée de long en large et solidement tenue. À la cellule diplomatique de l'Élysée, son directeur de cabinet, Cédric Lewandowski, a même hérité d'un surnom : Cédric « Foccardowski », en référence à Jacques Foccart, l'ancien patron tout-puissant de la cellule africaine de l'Élysée sous de Gaulle, personnage central de la Françafrique. Cette extension du domaine du ministre ne va pas sans provoquer le vif agacement de Laurent Fabius, qui ne goûte que modérément les articles, nombreux, présentant son collègue comme le véritable patron de la diplomatie française. Le ministre des Affaires étrangères, cependant, ne se risquera pas à déclencher les hostilités avec son homologue de la Défense. Où s'arrêtera Jean-Yves Le Drian ? Après avoir pris la main sur le continent africain, il a largement traversé la mer Rouge. Un ministre du quai d'Orsay en atteste :

« Le Drian a pris le lead sur l'Afrique et même sur le Golfe. Partout où il y a de gros contrats d'armement, c'est lui : Maghreb, Afrique noire, Moyen-Orient. »

Car la dimension commerciale n'est pas la moindre des fonctions du ministre de la Défense. « Je suis le ministre de l'export d'armement », a posé Le Drian en arrivant à Brienne, suivant en cela une directive de François Hollande. Alors que les ventes d'armes, sous la présidence Sarkozy, étaient pour l'essentiel traitées au Château, elles sont désormais placées sous le haut patronage du ministre. Chargé de la relation avec les industriels de défense, mais aussi du lien stratégique avec les États concernés, il va prendre son rôle très à cœur et s'installer comme le VRP des technologies françaises.

Pour pallier les faiblesses commerciales du secteur, il met en place « le comité des exportations de défense », regroupant, autour de son directeur de cabinet, Cédric Lewandowski, experts de la DGA, industriels, militaires et diplomates, afin « d'harmoniser les positions des différents acteurs et de tenir le même langage à l'égard du client », selon un participant, qui voit là l'embryon d'une « équipe de France de l'armement ». Le terrain ainsi déminé, le ministre va se muer en commercial sillonnant sans répit les capitales des monarchies du Golfe. Et se révéler un redoutable vendeur, sans état d'âme, dans la conquête des marchés d'armement. « Rien que l'export d'armement, c'est 180 000 kilomètres et un tiers de son temps », résume un conseiller. En deux ans, il affiche déjà au compteur neuf déplacements aux Émirats arabes unis, huit au Qatar, six en Arabie Saoudite, quatre en Inde et deux en Égypte. Chaque fois, il y rencontre princes héritiers ou ministres de la Défense. « Le contrat égyptien, c'est Le Drian. Le contrat qatari, c'est Le Drian », explique un de ses proches, qui résume cette méthode parfaitement rodée, avec techniques d'approche et règles d'engagement : « Le talent de Le Drian, c'est de prendre le temps et de ne jamais prendre la place de l'industriel. Quand il va dans un pays du Moyen-Orient, ce n'est pas une escale de trois heures au retour d'un déplacement en Australie. Il dort systématiquement sur place, il consacre systématiquement du temps à la culture du pays, il rencontre les autorités. On parle d'abord stratégie, on évoque ce qu'on peut faire. Ensuite, la question du matériel vient. Mais Le Drian ne propose jamais un chiffre, il n'entre jamais dans les problèmes de prix. » À charge pour l'industriel d'achever le travail de persuasion.

Selon le cabinet du ministre, ce marketing paie : 4,6 milliards de prises de commande en 2012 pour l'industrie de l'armement française ; 6,8 milliards en 2013 ; plus de 8,2 milliards en 2014. « 15 milliards en 2015, avec 30 000 emplois de haute tenue. Ce n'est absolument pas de la daube ! » salive un conseiller. Le président, sur ce point, fait une confiance absolue à son ministre, qu'il suit les yeux fermés. Il sera même chargé par le président, en personne, de signer au Caire la toute première vente à l'étranger du Rafale. « Je n'ai pas le souvenir d'un seul feu rouge de l'Élysée sur ces dossiers », poursuit ce conseiller. Cette sous-traitance politique présente l'avantage de tenir le président, traditionnellement prudent, à l'écart de dossiers potentiellement embarrassants. Mais la précaution serait presque superflue : au parti socialiste, nul ne s'émeut plus de l'activisme commercial du ministre en matière de ventes d'armement. Dans un climat décliniste de désindustrialisation tous azimuts, personne à gauche ne s'indigne de voir Jean-Yves Le Drian écouler à la chaîne le Rafale, qui symbolisait jusque-là l'échec français à exporter du matériel d'armement de haute technologie, et endosser la figure du marchand d'armes, héraut des intérêts de Thalès et Dassault. Le ministre des Finances, Michel Sapin, est bien contraint d'en convenir : « C'était un débat à gauche, les ventes d'armes. Aujourd'hui, ça ne l'est plus. » En témoigne ce petit film diffusé aux militants et cadres socialistes lors du congrès de Poitiers, en juin 2015, destiné à défendre le bilan et les réalisations du gouvernement. Jean-Yves Le Drian et ses Rafale y figuraient évidemment. Signe des temps, ils n'ont pas été sifflés, mais chaleureusement applaudis...

Comment le président pourrait-il se passer d'un homme si précieux, qui gonfle le volume des exportations d'armement de façon significative, mène rondement les opérations militaires et ne dit rien ? Alors que Jean-Yves Le Drian est engagé en Bretagne dans la campagne pour les élections régionales de décembre 2015, et qu'il constitue un atout de poids dans l'une des rares régions que la gauche peut encore espérer conserver, François Hollande n'a pas du tout l'intention de se passer de lui au gouvernement. Il le lui a clairement indiqué, en mars 2015, en marge d'une visite à l'usine Dassault de Mérignac destinée à célébrer le contrat égyptien : « Je veux que tu continues... »

Difficile d'imaginer Le Drian quitter le gouvernement et ne pas accompagner Hollande jusqu'au bout, lui qui, dès 2014, envisageait la constitution d'un « gouvernement de combat » pour la fin du quinquennat, d'une phalange à la spartiate pour monter à l'assaut de la présidentielle de 2017. Depuis 2012, il réunit régulièrement le canal historique des hollandais à l'hôtel de Brienne, où il invite Stéphane Le Foll, Michel Sapin, François Rebsamen, Kader Arif, Bruno Leroux et quelques autres. Pour entretenir la flamme vacillante… Le souper s'est plusieurs fois tenu dans le salon Rochambeau, du nom du comte qui, au XVIIIe siècle, commanda le corps expéditionnaire français dans la guerre d'Indépendance américaine. Un homme de « mission », dépêché sur les théâtres d'opérations périlleux avant d'être distingué par le roi, comme le sera sans doute le soldat Le Drian, prêt à mener toutes les guerres pour son patron, jusqu'à mourir au front.

Benoît Puga, un général très politique

« J'en ai rien à foutre de savoir si les Romains ont commencé par Babaorum ou Petitbonum, et quelle tribu gauloise ils ont d'abord attaquée ! » La formule porte la marque, inimitable, de Benoît Puga, général cinq étoiles et chef d'état-major particulier du président. Elle a été servie, rapporte un témoin, lors d'une réunion nocturne à l'Élysée, en 2013, pendant l'opération Serval. L'armée française vient de reprendre la ville de Kidal, dans le Nord Mali, et les contacts officieux qu'elle a établis à cette occasion avec les Touaregs du MNLA inquiètent les autorités du pays, qui s'en sont émues auprès du Quai d'Orsay. Une conseillère de Laurent Fabius tente donc d'exposer nuitamment au général Puga les subtilités des équilibres politiques régionaux et l'importance de les aborder avec délicatesse : « Dans la stratégie militaire, il faut en permanence avoir en tête cette question touareg, qui est extrêmement compliquée... »

« Rien à foutre ! » C'est la première escarmouche entre le Quai d'Orsay et les militaires, et le général Puga vient de la conclure de l'une de ces rudes, mais magistrales tirades dont il a le secret. Le conseiller militaire du président a le verbe haut et le vocabulaire fleuri. Il a aussi démontré, dans la complexe géopolitique élyséenne de l'ère Hollande, un indéniable sens tactique. Il peut enfin arguer d'une solide expérience de professionnel de la guerre. Autant d'atouts qui vont sauter aux yeux du président et faire de cet homme d'opérations, aux sympathies droitières et à la fibre catholique traditionaliste, un des acteurs majeurs de l'écosystème de l'Élysée. « Rien ne préparait ce type-là à devenir l'une des clés du système hollandais, estime un diplomate. Il l'est pourtant devenu alors qu'il n'avait jamais vu un socialiste avant 2012. »

Son job, Benoît Puga l'a ainsi décrit, au cours du quinquennat, à un autre conseiller du chef de l'État : « À la guerre, vous tuez et vous cassez. Ce n'est pas du romantisme. Je suis payé pour ne pas avoir d'affect et regarder les choses froidement. Le président attend cela de moi. » Le général, comme souvent, avait invoqué l'une des grandes batailles de l'Histoire au secours de sa démonstration : « Mon rôle est de traduire en termes militaires les options politiques, et inversement. Je présente les risques au président : "Oui, vous allez avoir des morts ou pas. Oui, on va réussir ou pas, avec quel taux de réussite." Je peux lui dire : “On peut y aller comme les Polonais face aux chars de Guderian, mais on va être laminés.” Et lui peut me dire : “On y va.” Il a besoin d’avoir la vérité sur les prix. Et moi je suis payé pour lui exposer cette vérité, y compris les choses désagréables. »

À 62 ans, Benoît Puga peut arguer d’un solide parcours d’opérationnel de terrain, suivi d’une carrière ascensionnelle dans les états-majors. Officier au 2e REP, le deuxième régiment de parachutistes de la Légion étrangère, il a sauté sur Kolwezi, en 1978, pour délivrer près de 3 000 Européens retenus en otage par des rebelles du Katanga, au Zaïre : la fameuse opération Bonite. Puis il a sillonné l’Afrique au fil des opex, « fait » le Tchad, la Centrafrique, le Gabon. Plus tard, il sera nommé commandant du 2e REP qui, trente-cinq ans après, sautera sur Tombouctou. Certains ne manqueront d’ailleurs pas de voir dans cette opération, qui renvoie aux plus belles heures de la coloniale, la patte personnelle du général Puga… Bombardé général de brigade en 2002, le voilà nommé au CPCO (Centre de planification et de conduite des opérations), à l’état-major des armées, puis commandant des opérations spéciales, le fameux COS, qui regroupe les forces spéciales des différentes armes, et, enfin, directeur du renseignement militaire (DRM). Le parachutiste devenu général conclut sa carrière en beauté en atterrissant en mars 2010 au poste de chef d’état-major particulier de Nicolas Sarkozy, capitalisant sur sa solide expérience. « Puga sait de quoi il parle, atteste Jean-David Levitte, l’ancien conseiller diplomatique de Nicolas Sarkozy, qui l’a côtoyé. Il a vécu personnellement ce dont il parle. C’est un parachutiste qui a sauté sur Kolwezi, c'est sa passion. Quand il vous parle de ce qu'il faut faire, vous avez l'impression qu'il est déjà en train de se déployer sur le terrain avec ses petits gars. »

La légende raconte que quand il sautait en parachute sur l'objectif, Benoît Puga portait toujours une médaille de la Sainte Vierge accrochée à sa montre… Père de onze enfants, dont plusieurs ont embrassé la carrière militaire ou ecclésiastique, c'est un catholique fervent, branche traditionaliste : il fréquente assidûment l'église Saint-Nicolas-du-Chardonnet, à Paris, occupée depuis 1977 par la Fraternité sacerdotale Saint-Pie X, en rupture avec le Vatican depuis le Concile de Vatican II et la scission alors opérée par feu Mgr Lefèvre. Son propre frère, l'abbé Denis Puga, proche de l'institut catholique d'extrême droite Civitas, y officie en tant que premier vicaire et « aumônier des louvettes ». Et le général assiste fort souvent, le dimanche, à ses homélies qui pourfendent l'abomination du « mariage pour tous ». « C'est la promotion Saint-Nicolas-du-Chardonnet, persifle l'un de ses adversaires au sein de la Défense. Plein d'officiers y vont pour être invités à la table de l'abbé Puga, ou croiser Puga et maman et se faire bien voir. » Son père, le colonel Hubert Puga, libéra certes Colmar avec les Dragons en février 1945, l'une des dernières batailles de la guerre sur le sol français. Mais il prit aussi quelques années plus tard, en avril 1961, le parti des généraux lors du putsch d'Alger. Ce qui lui valut une condamnation à de la prison avec sursis, ainsi qu'une exclusion de l'armée. À sa mort, en 2010, sa mémoire fut longuement honorée par le *Bulletin des amis de Raoul Salan*, général responsable du putsch et dirigeant de l'OAS.

Benoît Puga n'est donc pas un adepte du socialisme, même dans la version tempérée que professe François Hollande. On ne l'imagine guère partisan du texte que tente de faire voter le gouvernement sur le mariage homosexuel. L'un de ses proches, le général Bruno Dary, ancien gouverneur militaire de Paris, soutiendra la Manif pour tous, le mouvement de protestation opposé au projet d'union gay, participant même à l'organisation de certains de leurs rassemblements parisiens. En juin 2013, lorsqu'un groupuscule d'extrême droite, Le Lys noir, tentera de promouvoir le scénario d'un putsch pour renverser un pouvoir socialiste considéré comme illégitime, figureront, parmi les noms avancés pour diriger la junte, ceux de Benoît Puga et Bruno Dary…

Le para du président n'est décidément pas très socialiste. Il se montre même un peu trop catholique… Comment François Hollande, athée convaincu et laïcard militant, a-t-il pu à ce point s'enticher d'un ancien légionnaire et baroudeur de l'Afrique, catholique intégriste issu d'une famille pro-Algérie française, qui plus est ancien collaborateur de Nicolas Sarkozy ? « Le président a vu Puga. Et quand il a terminé l'entretien, il lui a dit : ce sera vous. Puga lui a plu », raconte l'un de ses anciens conseillers. Nonobstant l'abyssale distance politique entre les deux hommes, François Hollande a, semble-t-il, été séduit par les états de service du général, qui de plus l'a briefé, lors de son installation, sur ses nouveaux pouvoirs de chef des armées et de la force de frappe. Contrairement à ce que lui propose la Défense, qui a avancé le nom de Pierre de Villiers, il va donc prolonger la période de transition, et le CDD du général Puga. « Nous avions tous fait des propositions de changement, et nous étions tous persuadés que Puga allait débarrasser le plancher fin août, explique un haut responsable de la Défense. Mais, à notre grande surprise, il a été renouvelé. » Depuis cette date, Benoît Puga est toujours là. Systématiquement reconduit, à chaque échéance, par le président. « Hollande l'a prolongé au-delà de toute possibilité », confirme un conseiller à l'Élysée. Au grand dam de Jean-Yves Le Drian et de son entourage, fort marris de voir le général conserver à la fois le poste et la confiance du président et s'ériger ainsi en concurrent sérieux pour la suite des opérations. Un ancien ministre PS de la Défense se dit ainsi « choqué » du maintien de Puga, « qui fut l'inspirateur de la politique de Sarkozy ».

Solidement retranché rue de l'Élysée, dans l'immeuble voisin, classé « zone de défense », de celui de la cellule diplomatique, « il est toujours là », rapporte un collaborateur du chef de l'État. En débarquant au Château, en mai 2012, les conseillers de Hollande se sont vite habitués à la présence de ce général tiré à quatre épingles. S'il ne participe pas aux réunions et déjeuners du top management élyséen, Benoît Puga a, de par sa fonction, un accès direct au président. Dans l'avion ou en déplacement, toujours parfaitement rasé et porteur de l'uniforme d'apparat qui sied à la circonstance, il lui apporte en permanence notes et informations sur les opérations en cours. « Dès notre arrivée à l'Élysée, il était omniprésent, assistant à tous les entretiens internationaux, au même niveau que le conseiller diplomatique », rapporte un ancien membre de la cellule diplomatique.

« Moi, je ne fais pas de politique », a pour habitude

de répéter le général Puga. Mais pour s'être hissé à ces hauteurs hiérarchiques, s'être adapté à Sarkozy puis, sans coup férir, à Hollande, il possède incontestablement un sens du placement. Et une indéniable habileté tactique. Attentionné au point d'envoyer de chaleureux messages à ceux des conseillers qui quittent l'Élysée en cours de mandat, alors que lui y reste. Ne dévoilant jamais ses convictions et sympathies politiques, et même capable de gagner l'amitié du premier conseiller diplomatique du président, Paul-Jean Ortiz, pourtant ancien trotskyste… « Puga a un côté très obséquieux. Dès qu'il assiste à un coup de téléphone diplomatique du président, il le félicite : "Bravo, Monsieur le Président ! Vous avez été très bon !" » atteste un diplomate. L'un de ses pires ennemis à la Défense confirme et persifle : « Puga est un courtisan professionnel, comme on en faisait au XVIIIe siècle. Il est toujours d'accord avec le chef, occupe l'espace et raconte des histoires, par exemple comment il traversait l'Oubangui. »

Preuve qu'il est bien plus politique qu'il ne veut bien le concéder, ce professionnel confirmé du conflit armé ne se montre pas toujours va-t-en guerre. Dès lors que la situation l'exige, il est même capable d'avancer, sur le terrain militaire, à pas de loups. Beaucoup le décrivent d'ailleurs comme peu emballé, au moment du déclenchement de Serval, par la perspective d'une opex. Un militaire en témoigne : « En 2012, les officiers étaient déjà partisans d'un coup de poing dans la fourmilière djihadiste au Mali, mais la campagne électorale avait clairement refroidi les ardeurs de Sarko. Et Puga avait été un peu échaudé par le refus de Sarko sur le Mali. Il avait de vraies interrogations. » Une charge qui ne manquera pas d'être retenue contre lui par l'entourage de Le Drian : « Puga était contre Serval. Il a été contre jusqu'au dernier soir. Et le lendemain, par courtisanerie, il était pour. »

Ce n'est donc pas tout à fait le parfait amour entre l'état-major particulier du président et le cabinet du ministre de la Défense, les deux puissances en concurrence pour conquérir le monopole de l'oreille présidentielle. Les premiers accrochages sérieux ont eu lieu pendant l'opération Serval qui s'est, dans ce contexte, forcément doublée d'un conflit de territoire politique. « Puga est un pur opérationnel, rappelle un officier. C'est ce qui fait sa force et sa faiblesse. Quand il parle d'engagement militaire, il parle d'engagement militaire. Alors la tendance, pour lui, c'est de commander directement aux troupes. Il aime ça. » Le problème, c'est que le ministre, lui aussi, entend avoir son mot à dire dans la chaîne opérationnelle… « Quand les opérations ont commencé, en janvier 2013, nous avons une ou deux fois surpris Puga à donner des ordres directs aux armées. Nous avons donc montré les dents, assez fort. Il a compris », veut croire un proche de Le Drian. Quelques mois plus tard, le général, lui, aurait cependant démenti s'être fait recadrer par l'Hôtel de Brienne : « Chacun a sa place, chacun joue son rôle. Le ministre de la Défense n'est pas là pour diriger les opérations. Le cabinet du ministre, il est là pour financer et équiper les armées pour qu'elles puissent remplir leurs missions. » Ambiance…

Entre le général et l'Hôtel de Brienne, la tension ne retombera pas, alimentée par les récurrentes frictions budgétaires entre l'Élysée et la Défense. Le Blitzkrieg médiatique conduit par le ministre pour préserver le budget militaire n'a que modérément plu au général. « Puga avait trouvé que ça tapait en dessous de la ceinture, rapporte un habitué de l'Élysée. Ils ont essayé de récupérer un maximum d'argent en utilisant *Le Figaro* et la presse de droite, et en jouant sur l'argument des opex ou de la sécurité du territoire. Puga a estimé qu'ils n'étaient pas respectueux, d'autant que jamais un président n'avait autant augmenté le budget de l'armée ! » Paradoxale situation, qui voit un militaire se muer en politique et défendre le président plutôt que le budget de l'armée, et des politiques mener bataille contre le président afin de défendre le trésor de guerre des militaires. Les charmes du système hollandais…

L'équipe Le Drian enrage toujours de voir Benoît Puga continuer d'occuper ce poste, l'un des plus recherchés dans l'armée française. Mais le président, visiblement, n'a pas l'intention de se séparer de son général préféré. Quelle étrange alchimie politique s'est produite entre les deux hommes ? « Il y a une part de mystère », admet un conseiller de l'Élysée. Pourquoi donc Hollande tient-il tant à conserver Puga auprès de lui ? Par esprit de continuité républicaine, sans doute, comme il avait gardé plusieurs policiers et membres du personnel de maison qui officiaient sous Nicolas Sarkozy. Par respect pour les galons de celui qui, au premier jour, l'a installé dans le fauteuil de chef des armées. Par une forme de sympathie personnelle pour le style et le franc-parler du baroudeur, enfin. Mais d'autres vont plus loin, qui avancent des explications plus psychologisantes encore. Comme le parallèle politique entre le général et Georges Hollande, le père du président, dont les sympathies furent extrêmement droitières, qui expliqueraient une forme de fascination : « Puga représente une certaine histoire de l'armée de terre, physique, africaine, traditionaliste. Au-delà, Puga c'est la France éternelle, l'autorité, l'Algérie française… En cela, plus proche du père de Hollande que de son fils. Il y a peut-être une sorte de recherche de l'image du père… »

François Hollande, au fond, serait-il sous influence ? À en croire ce diplomate, cela ne fait guère de doutes : « Je suis convaincu que Puga était beaucoup moins puissant sous Sarkozy. À l'époque, il y avait des baronnies fortes qui se contrebalançaient. Le conseiller diplomatique de Sarko, Jean-David Levitte, était l'un des éléments forts du dispositif, et n'aurait jamais accepté que Puga ait le poids politique qu'il a acquis aujourd'hui. » Ex-directeur politique au Quai d'Orsay, de ce fait habitué à avoir la main sur les dossiers militaires, Jacques Audibert, l'actuel conseiller diplomatique du président, vivrait ainsi difficilement l'omniprésence du général sur les affaires internationales. Ce conseiller ministériel en est lui aussi persuadé : « Puga a un ascendant exagéré sur Hollande. Dans la faiblesse de l'équipe de l'Élysée, il occupe le vide. Il a mis la main sur l'ensemble de l'équipe, au point que tous les collaborateurs de Hollande se réfèrent à lui. Quand on demande quelque chose à l'Élysée, les conseillers répondent souvent : “Attends, je vais en parler au général !” »

La thèse d'un président aux ordres est néanmoins battue en brèche par nombre de témoins, qui rappellent que François Hollande n'est pas homme politique à se laisser aisément manipuler. Un des anciens conseillers du président l'assure : « Hollande a été un peu fasciné par Puga, mais pas longtemps. Le général l'a aidé à se révéler à lui-même, mais pas plus. Il n'est pas sous influence. Le vrai problème est qu'il n'y a aucune différence de ligne politique entre Hollande et Puga. Ils pensent exactement la même chose. » Et partagent, à l'usage, un enthousiasme pour les actions offensives… Pour le reste, il semble de fait bien difficile de tenter de dicter sa conduite au président, expert en manœuvre et maître tacticien. « Personne n'a d'influence sur Hollande, personne ne prend l'ascendant sur lui », résume un diplomate de l'Élysée. Un de ses collègues du quai d'Orsay abonde : « Hollande est bien trop jaloux de son pouvoir pour le partager avec d'autres… »

Cédric Lewandowski, l'expansionniste

À l'hôtel de Brienne, il s'est installé dans le bureau qu'occupait en son temps Lucien Bonaparte, où trône un énorme coffre-fort destiné à préserver le secret défense. Et tout comme ce monstre d'acier, il ne sera pas facile de l'en déloger. À 46 ans, Cédric Lewandowski, directeur de cabinet de Jean-Yves Le Drian, a endossé le mauvais rôle. À charge, pour cet habile manœuvrier, de faire le sale boulot pour le compte du ministre de la Défense. D'encaisser les coups, donc. De les rendre, aussi.

Sur le plan opérationnel, la prise de pouvoir à l'hôtel de Brienne, c'est lui. L'organisation d'une « équipe de France » des ventes d'armes, encore lui. La guerre de tranchées contre Bercy sur le budget de la Défense, toujours lui.

Autant de batailles qui lui ont valu pas mal d'inimitiés dans le milieu, et ailleurs. Dans les états-majors, bien sûr. À l'Élysée, où sa personnalité a tôt agacé : « Lewandowski est un *power addict* totalement obsessionnel, glisse un conseiller du président. Il en veut toujours plus. » Et bien sûr au Quai d'Orsay, où ses menées ont fortement urtiqué : « Lewandowski est une personnalité très abrasive et très contestée, dont on a demandé le départ à Le Drian », raconte un diplomate. Sans succès. De tous les directeurs de cabinet arrivés au gouvernement en mai 2012, il est le seul à avoir conservé son poste. Inamovible et détesté. Preuve de son influence, il s'avère difficile, dans les allées du pouvoir et les rangs de l'armée, de recueillir un avis positif sur lui. « Le mal qu'on dit de lui prouve qu'il pèse vraiment, résume un officier. À la Défense, c'est quelqu'un qui compte. »

Cédric Lewandowski est pour beaucoup non seulement dans la préparation et le lancement politique des opérations militaires d'importance, mais également dans le style qu'imprime de plus en plus la Défense au quinquennat de François Hollande : celui d'une guerre totalement décomplexée. Le titre de faucon ne lui fait pas peur. Quant à l'hostilité qu'il suscite parmi les généraux, il l'explique par le rapatriement de la décision politique vers le cabinet du ministre. Il le théorise lui-même, avec une indéniable franchise : « Oui, avec Jean-Yves Le Drian, nous assumons le pouvoir au ministère de la Défense. Nous ne sommes pas venus pour cueillir pâquerettes et coquelicots, mais pour accomplir un projet politique. Et oui, nous l'exerçons pleinement et assumons les fonctions qui institutionnellement sont les nôtres, par les vertus de la loi et des décrets. Je suis directeur du cabinet civil et militaire auprès du ministre de la Défense, j'ai un pouvoir de délégation relativement large et je l'exerce. Avec cependant une condition fondamentale et républicaine : à chaque seconde, JYLD peut me demander de lui remettre mon mandat. » Mais le puissant ministre n'a pas la moindre intention de se séparer de son influent lieutenant, dont la tête lui a pourtant été demandée à maintes reprises.

En une décennie, Cédric Lewandowski, fils d'un électricien polonais et véritable Rastignac de la Défense, a su se rendre indispensable au maire de Lorient, et s'est tôt associé à son entreprise de conquête de l'hôtel de Brienne. Frais émoulu de Sciences Po, « grouillot » du groupe PS à l'Assemblée nationale, il a connu Jean-Yves Le Drian au début des années 1990, aux « ordres du général Hollande », déjà, lors de la précampagne visant à installer Jacques Delors en tête de gondole de l'offre socialiste pour la présidentielle de 1995… L'entreprise tournera court. Mais le jeune Lyonnais ne perd pas le contact avec le Breton, de même qu'il se lie d'amitié avec François Roussely, un énarque proche de la gauche, ancien secrétaire général pour l'administration au ministère de la Défense. En 1997, il rejoint ce dernier au cabinet du ministre de la Défense du gouvernement Jospin, Alain Richard, dont Roussely a été nommé directeur de cabinet. Après un an passé au poste de chef de cabinet, il suivra de nouveau Roussely, nommé cette fois PDG d'EDF. Il demeure aujourd'hui très proche de son ancien mentor, devenu banquier et vice-président du Crédit Suisse First Boston pour l'Europe.

Mais Cédric Lewandowski, qui sait s'entourer, a également gardé le contact avec Le Drian. Un jour, en 2006, ce dernier l'invite à déjeuner chez Françoise, aux Invalides, à deux pas du ministère. Le député du Morbihan lui annonce qu'il renonce à se présenter aux législatives. « Mais j'aimerais garder un pied à Paris, et j'aimerais le faire avec toi. As-tu une idée ? » Réponse de Lewandowski, catégorique : « On ne va pas créer le énième think tank sur la défense, on va s'ennuyer. Ce que je te propose, c'est qu'on se donne un objectif, que tu sois ministre de la Défense en 2007. » Lewandowski lance le club Sémaphore afin de préparer les dossiers et de parfaire, aux yeux des militaires et des politiques, la stature ministérielle de leur champion. Il réactive l'équipe qui entourait Alain Richard à la Défense : François Roussely ; Jean-Claude Mallet, agrégé de lettres et normalien, ancien secrétaire général de la défense nationale, qui deviendra le « conseiller spécial » de Le Drian après 2012 ; Jean-Michel Palagos, ancien officier de l'armée de terre, ex-contrôleur général des armées, l'un des principaux auteurs de la loi de professionnalisation de 1997, qui atterrira au poste d'adjoint de Lewandowski ; et quelques autres. Ce *shadow cabinet*, qui prépare les dossiers pour la campagne présidentielle de Ségolène Royal en 2007, sera réactivé avant 2012 au profit du candidat Hollande.

Quand les troupes de Le Drian, en mai 2012, investissent l'hôtel de Brienne, c'est donc naturellement Cédric Lewandowski qui atterrit aux commandes du cabinet. Avec de sérieuses velléités expansionnistes. Dès l'origine il les a démontrées avec la recentralisation de la décision politique au cabinet. Il va le confirmer quelques mois plus tard en tentant d'imposer sa patte aux opérations. Dès le premier jour de l'opération Serval, le 11 janvier 2013, Lewandowski impose aux chefs d'état-major trois briefings quotidiens : à 8 heures, 14 heures et 19 heures dans son bureau. Rompez ! Parmi les gradés, l'interventionnisme de cet encombrant civil fait désordre. « Lewandowski donnait des ordres au général Castres, le responsable des opérations, et ça ne passait pas, explique un officier. À l'état-major, ça tapait dur : "Mais qui est ce connard de bureau qui joue au chef de guerre ?" » Un conseiller de l'Élysée l'avoue : « Le civil a essayé de mettre la main sur l'opérationnel. Ils ont un peu tiré sur la laisse... »

Fort de sa capacité à mobiliser ses réseaux, Lewandowski, réputé influent franc-maçon, mais qui refuse d'aborder le sujet, est proche du pape de la communication Stéphane Fouks, vice-président de l'agence Havas, et du criminologue Alain Bauer, ancien grand maître du Grand Orient de France. Deux amis intimes de Manuel Valls. De solides appuis qui, ajoutés à beaucoup d'autres, lui permettent d'avancer ses pions. Et de livrer de longues guerres de position, comme celle qui l'oppose, on l'a vu, au général Puga. Un autre conseiller du président reconnaît la puissance de feu du « dircab » de Le Drian : « Il sait jouer avec les lobbies, les industriels de l'armement, le Parlement et la presse pour aboutir à ce que souhaite son ministre. Il a une manière de faire assez talentueuse, parfois un peu osée, qui n'est pas en conformité avec celle de Puga. »

Après quelques sérieuses escarmouches à propos de l'intervention au Mali et un sévère différend quant au budget de la Défense, Lewandowski et Puga auraient aujourd'hui cessé le feu, et s'épient de part et d'autre de la frontière. « Aujourd'hui, on cohabite », commentera un jour l'âme damnée de Le Drian. Ce n'est pas le cas avec Bernard Bajolet, le directeur de la DGSE, avec lequel le contact est totalement rompu. À peine nommé, en 2013, à la tête de la Piscine, le diplomate, ancien ambassadeur en Irak et en Afghanistan, a dû subir la rude concurrence de Cédric Lewandowski sur le dossier sensible des otages d'Arlit, ces quatre Français enlevés en 2010 au Niger. Le choix de Lewandowski de faire jouer son réseau et de faire appel à l'un de ses proches, Pierre-Antoine Lorenzi, ancien des cabinets ministériels socialistes, avait été vivement contesté par le nouveau patron des services secrets. Les quatre otages ont bien été libérés, en octobre 2013. Mais depuis les deux hommes ne se voient plus, ni ne s'adressent la parole. Il se murmure que la tête de Lewandowski, une fois encore, a été demandée à l'Élysée, qui a refusé. Les faucons sont trop précieux, dans le régime hollandais, pour être sacrifiés. Mais ils savent pertinemment qu'il faut toujours se méfier, et qu'un missile bien ciblé est vite arrivé.

CHAPITRE 5

Guerres secrètes

Selon l'abondante communication de la Défense sur le sujet, c'est « le plus grand théâtre militaire engageant la France depuis la Seconde Guerre mondiale ». Un terrain de chasse aussi vaste que l'Europe, où sont engagés 3 000 hommes, 200 blindés, 20 hélicoptères, 6 avions de chasse et 4 drones. Une gigantesque opération de police militaire déployée sur toute la longueur de la bande saharo-sahélienne, ou presque. Dix-huit mois après le déclenchement de Serval, l'armée française s'installe dans le contre-terrorisme. Dans la durée, et à grande échelle.

Après le coup de pied dans la fourmilière du Nord Mali, les militaires français, constatant la dispersion dans toute la sous-région de djihadistes qui se jouent des frontières et profitent du chaos croissant en Libye, ont changé d'optique : il s'agit désormais de surveiller cette immense zone désertique aux confins du Niger, du Mali, de l'Algérie, du Tchad et de la Libye, que beaucoup ont surnommée « l'autoroute des trafics » (drogue, armes, êtres humains). Jean-Yves Le Drian le résume : « Nous travaillons sur un concept stratégique différent. Nous faisons du contre-terrorisme sur l'ensemble de la bande sahélo-saharienne. Nous avons nettoyé l'essentiel des groupes terroristes, mais on constate un regain d'activité. C'est notre riposte à des tentatives de retour. »

Voici donc, au mois d'août 2014, l'opération Barkhane, étalée sur les cinq pays du « G5 Sahel », dont les membres sont censés à terme acquérir l'autonomie militaire suffisante pour régler eux-mêmes leurs problèmes sécuritaires. En attendant, c'est aux forces françaises d'effectuer l'essentiel du travail... Face à des groupes ultra-mobiles et rompus à l'art de la dissimulation, le dispositif mise avant tout sur la réactivité, avec un énorme déploiement de moyens de renseignement et l'apport des forces spéciales, capables d'intervenir en urgence. « Un concept nouveau », dit Le Drian. Le centre de commandement est installé à N'Djamena, où stationnent près d'un millier d'hommes, ainsi que les chasseurs Mirage et Rafale. Les forces spéciales sont présentes en Mauritanie et au Burkina Faso. Une importante base opérationnelle demeure à Gao, au Nord Mali, avec 1 000 hommes, des hélicoptères et des blindés. L'armée a également déployé plusieurs bases temporaires à Atar en Mauritanie et à Tessalit, au Mali. Celle de Madama, au nord du Niger et à cent kilomètres de la frontière libyenne, a été édifiée autour d'un ancien fortin colonial français : elle rapproche les soldats français de la passe de Salvador, lieu de tous les trafics entre la Libye et le Niger, avec une présence renforcée des forces spéciales dans le pays. Autre base réinvestie, celle de Faya-Largeau, au Tchad, laquelle avait été construite par le colonel Étienne Largeau en 1912.

L'armée d'Afrique reprendrait-elle ses quartiers au

Sahara ? En termes d'image et de message, la Défense se trouve là confrontée à un dilemme d'importance. Après Serval 1, qui avait permis de repousser et de disperser les katibas djihadistes, puis Serval 2, une phase de maintien de l'ordre et d'accompagnement du rétablissement politique des autorités maliennes, la France ne pouvait décemment s'installer dans un plan Serval 3 qui, aux yeux de l'opinion publique, risquait d'accréditer l'idée, sinon d'un échec, du moins d'une opération qui n'a pas été le retentissant succès tant vanté. L'exécutif n'avait-il pas promis que la guerre serait de courte durée ? Que l'ennemi serait « éradiqué ? » Lancer un Serval 3, de ce point de vue, reviendrait à admettre qu'il n'en est rien… « La communication selon laquelle Serval allait durer quelques mois et qu'on allait leur casser la gueule était fausse, déplore un officier. J'aurais préféré qu'on dise : "N'ayons aucune illusion sur la capacité de l'ONU, et encore moins des forces maliennes et africaines à prendre le relais, en réalité, nous sommes là pour longtemps." » Et cette source de comparer la visite de François Hollande à Tombouctou, en février 2013, qu'il avait qualifiée de « journée la plus importante de [s]a vie politique », à celle de George W. Bush sur le porte-avions nucléaire *USS Abraham Lincoln*, y proclamant en mai 2003, sous la bannière « Mission accomplie », la fin de l'opération Iraqi Freedom : le président américain y avait annoncé la fin des « opérations de combats majeures », précisant toutefois que « la guerre contre le terrorisme n'était pas terminée ». « La façon dont Hollande va à Tombouctou ressemble beaucoup à celle de Bush sur le porte-avions, alors qu'on sait que le pire est à venir », poursuit cet officier…

Pour éviter tout malentendu, l'équipe Le Drian, toujours sur la brèche, a donc travaillé sur le packaging du redéploiement français. Dans une note du 13 mai 2014, Sacha Mandel, le conseiller en communication du ministre, a prévenu : alors que le maintien de troupes pourrait être « interprété par l'opinion comme un prolongement sans fin d'une opération entamée il y a seize mois et que beaucoup croyaient achevée », « l'adhésion et la compréhension des Français à l'égard de notre dispositif contre-terroriste pourraient décliner et nous perdrions le capital engrangé par le succès de Serval. La discrétion n'est pas une option », conclut Sacha Mandel. Le communicant en chef de Le Drian préconise donc d'« installer une rupture dans le récit que les autorités politiques et militaires font du Mali et du Sahel » et de « construire un nouveau récit public autour de ces principaux messages ». Un conseiller confirme : « Au début de 2014, on en était à Serval 3, et il y avait un écart croissant entre ce que l'opinion avait en tête sur le Mali, à savoir le fait que c'était fini, et la réalité : nous étions rentrés dans une logique de lutte antiterroriste sur la durée au Sahel. On a donc changé de nom pour prendre Barkhane, ce qui visait uniquement l'opinion. » Exit Serval, place à Barkhane, du nom de ces dunes en forme de croissant, formées par les vents du désert. La guerre est terminée, vive la guerre !

Nonobstant ces ruses de la communication, demeurent des risques politiques qu'a parfaitement mesurés François Hollande : et si l'opinion, initialement favorable à l'intervention, était gagnée par le sentiment d'un enlisement des forces françaises ? Alors que les premiers plans d'extension de la lutte antiterroriste à l'ensemble du Sahel sont présentés par Le Drian au président au printemps 2013, ce dernier rechigne à l'annoncer. Les militaires attendront plus de deux mois l'officialisation de François Hollande. « Autour de lui, les gens étaient incapables de dire s'il allait ou non annoncer l'opération », raconte un proche de Le Drian. Là encore, le cabinet du ministre forcera légèrement la main du président en faisant habilement fuiter l'information, juste avant les cérémonies du 14 juillet 2014.

La présence militaire française en Afrique de l'Ouest n'a pas seulement changé d'appellation contrôlée, mais aussi de dimension et de nature. François Hollande la résume : « Il s'agit de nous mettre en position de pouvoir intervenir à tout moment, dès lors que nous recevons des indications sur une menace identifiée ou une reprise des hostilités. » Agir vite, donc, et taper fort. Moins que d'une guerre au sens classique, il s'agit désormais, très officiellement, de contre-terrorisme, encore davantage avec Barkhane et l'extension du domaine d'intervention des forces françaises. Ici, plus de front continu, de regroupements de katibas à repousser et à disperser. Mais une zone gigantesque à surveiller, et des objectifs à éliminer. Les cibles demeurent les mêmes : AQMI, le Mujao ou le groupe Al-Mourabitoune dirigé par l'Algérien Mokhtar Belmokhtar, l'homme le plus recherché de la zone. Mais les techniques ont changé et se sont considérablement perfectionnées.

L'objectif est désormais de décapiter l'ennemi. « Ce sont des organisations dont il faut trancher la tête. Quand tu tues le chef, tu tues l'information », résume un gradé. Il s'agit donc d'établir des organigrammes précis des katibas, d'en identifier les responsables, puis de les repérer et de les « neutraliser », selon le vocabulaire en vigueur, afin de désorganiser les groupes djihadistes. « Le cœur d'AQMI est très faible : entre 100 et 150 personnes grand maximum, mais avec une grande capacité d'extension, commente un général. Un type arrive avec un peu d'argent, des médicaments ou des pistolets, et ça peut grossir à nouveau. Le but, c'est surtout d'empêcher les groupuscules de s'organiser et de distribuer de l'argent. Il faut éviter que se reconstitue une masse critique, comme avant janvier 2013. Donc on crée une véritable insécurité sur les arrières de l'adversaire. » Une forme de guerre de harcèlement, qui répond à celle que pratiquent les djihadistes, voire de guérilla psychologique. « On les éradique, on les tue, résume un conseiller du président. C'est certes du *containment*, qui ne résout pas le problème libyen. Mais cela envoie des messages clairs aux groupes terroristes installés au sud de la Libye, lorsqu'ils prétendent quitter cette zone. Par rapport à un placement statique avec déploiement qui coûterait extrêmement cher, là, c'est à notre échelle. On se prend pas pour les États-Unis. C'est léger, réactif, très bien fichu et beaucoup plus futé que ce qu'on faisait avant. » De l'antiterrorisme à visage humain, en somme. Même si le modèle américain n'est pas si éloigné…

Sur la base des renseignements photographiques recueillis par les satellites, avions et drones, des résultats des écoutes téléphoniques et du travail de « renseignement humain » effectué par la DGSE, voire des informations fournies par les services américains, la chasse française et les forces spéciales se chargent donc de traquer, repérer et éliminer les responsables djihadistes. Une technologie et une méthodologie nouvelles, particulièrement adaptées à cette guerre asymétrique qui ne dit pas son nom et dont les militaires ne sont pas peu fiers. Les dunes du Sahara constituent un formidable laboratoire guerrier pour les services de renseignement et les forces spéciales, qui y acquièrent à la fois de l'expérience et un prestige susceptible de promouvoir l'image de la France, de son matériel et de ses professionnels. Un ancien de la DGSE en atteste : « Le suivi en direct des filières terroristes sur des milliers de kilomètres avec des drones, le travail de coordination entre forces spéciales et services de renseignement, la neutralisation de dizaines de cibles : on n'avait jamais fait ça. Ce terrain de jeu grandeur nature est inégalé et inégalable. On y déploie les meilleurs, ce qui nous permet d'avoir les forces spéciales les plus aguerries au monde. C'est de la formation en grandeur réelle. On est dans quelque chose d'extrêmement valorisant pour nos armées. »

Dans sa « guerre au terrorisme », la France procède donc, avec organisation et efficacité, à des homicides ciblés. « Il y a des gens que l'on recherche et que l'on tape », confirme un haut responsable de la Défense. À son tableau de chasse, l'armée française a, au fil des opérations, accroché quelques prises d'importance. En février 2013, l'Algérien Abou Zeid, un des leaders d'AQMI, responsable de l'enlèvement de cinq Français, sur le site d'Areva à Arlit, au Niger, trois ans plus tôt, avait été « neutralisé » dans l'Adrar des Ifoghas. Preuve de l'importance du trophée, le président l'avait confirmé lui-même, par communiqué. Au printemps 2014, une frappe aérienne avait atteint Omar Ould Hamaha, alias « Barbe rouge », chef djihadiste recherché et beau-père du célèbre Mokhtar Belmokhtar.

Quelques mois plus tard, en décembre 2014, c'est au tour d'Ahmed al-Tilemsi, responsable du groupe Al-Mourabitoune, qui avait participé en 2011 à l'enlèvement de deux Français au Niger, d'être tué avec une dizaine de combattants dans la région de Gao.

Après s'être intéressés de près aux responsables algériens d'AQMI, des anciens du Groupe salafiste pour la prédication et le combat (GSPC) des années 1990, les Français vont en faire de même avec la branche malienne, essentiellement animée par des Touaregs du nord du pays. En mai 2015, les forces spéciales éliminent Amada Ag Hama, bien connu sous le surnom d'« Abdelkrim le Touareg », « Al-Targui » en arabe. Affilié à AQMI, chef d'une katiba et membre de la tribu des Ifoghas, le Touareg était le responsable présumé de nombreuses attaques, attentats et prises d'otages. À ses côtés périt également Ibrahim Ag Inawalen, dit « Bana », chef de la police religieuse du groupe Ansar Dine. « Et il y en a quelques-uns qu'on a loupés de peu », déplore le responsable du renseignement cité plus haut, qui n'en dira pas davantage pour préserver la suite des opérations. Car parallèlement aux interceptions d'armes et de drogues, aux frappes ciblées sur les convois de pick-up et au nettoyage des caches d'armes, la traque continue. En haut de la pile figure le dossier d'Iyad Al Ghali, le leader d'Ansar Dine. Et bien sûr celui de l'Algérien Mokhtar Belmokhtar, émir de l'organisation Al-Mourabitoune et leader charismatique de quelque 150 combattants. Vieux routier du djihad au Sahel, organisateur de la sanglante prise d'otages d'In Amenas, en Algérie, aux premiers jours de l'opération Serval, « le Borgne » est depuis plusieurs années dans les viseurs de Paris et de Washington, et sa mort a été annoncée à maintes reprises. Sans confirmation certaine jusqu'à présent. Mais les forces françaises se sont promis de pourchasser ces deux-là jusqu'au bout. « On les aura. Ça prendra du temps, mais on les aura », jure un haut gradé.

« Hollande est un tueur »

À l'arrivée, entre les opérations Serval et Barkhane, la Défense avance le chiffre d'environ 500 djihadistes éliminés en zone sahélienne. Avec peu de prisonniers : les combattants islamistes préfèrent la perspective du martyre à celle de l'emprisonnement… Cette chasse à l'homme n'est pas franchement assumée par la hiérarchie militaire, quelque peu embarrassée avec ce concept. « Cette dimension-là, celle d'une traque destinée à assassiner des hommes, peut être très mal comprise, rappelle un haut responsable de la Défense. Il y a une pudeur. » Politiquement, en revanche, elle se trouve parfaitement confortée et validée, et même au plus haut niveau. Un haut responsable du renseignement le confirme : « Il y a un blanc-seing, avec quelques conditions, au premier rang desquelles la question des dégâts collatéraux. On ne drone pas un mariage car il y a un djihadiste dedans. »

Une référence amusée à la série américaine *Homeland*, mais également une vraie spécificité de l'armée française : celle-ci s'est jusqu'ici refusée à l'utilisation de drones armés pour éliminer l'adversaire, se limitant à l'utilisation de l'aviation, ainsi que des forces spéciales et régulières. « L'avenir est à la combinaison des Rafale et des drones armés, résume un haut gradé. Mais même si c'est la prochaine évolution, cela soulève encore un vrai problème politique, que personne n'a voulu poser officiellement. Il y a dans la guerre l'idée d'une prise de risque, d'une morale du combat. Et cela poserait justement un problème moral d'avoir des pilotes qui tuent des gens au Niger depuis la base de Mont-de-Marsan. Et d'ailleurs, la hiérarchie militaire ne le demande pas. Nous ne sommes pas en Israël ni aux États-Unis. » Pour la technologie, c'est exact. Dans l'esprit, en réalité, la philosophie des opérations de neutralisation que mène la force Barkhane s'apparente davantage aux assassinats ciblés d'activistes palestiniens menés en représailles par les forces armées ou les services israéliens. Œil pour œil, dent pour dent : la France applique bel et bien la loi du talion. « La France punit, poursuit ce haut responsable du renseignement. Si quelqu'un a tué l'un de nos otages, on ne le lâchera pas. Ça prendra le temps qu'il faudra, mais on le fera. »

Et les politiques ont nettement moins de préventions sur ce point que les militaires, les premiers n'hésitant pas à exercer une forme de pression sur les seconds en exigeant, régulièrement, des résultats. Dans sa remarquable enquête sur les opérations Homo (pour homicide) menées par les services français sous la Ve République, Vincent Nouzille[1] a décrit un François Hollande conservant dans son bureau la liste des HVT, les fameuses *high value target* ou cibles à haute valeur ajoutée. Cette histoire-là est cependant un peu trop belle pour être tout à fait vraie. En réalité, le chef de l'État ne dispose nullement d'une telle liste.

1. *Les Tueurs de la République*, Fayard, 2015.

En revanche, « le président valide bien un dispositif dans lequel figure une liste remise à jour régulièrement », confirme un haut responsable de la Défense, qui précise : « Il n'y a aucune raison de solliciter le président à chaque fois. Mais nous sommes un état de droit, où les militaires n'abattent pas n'importe qui, n'importe où, comme des chiens. Il y a bien sûr une responsabilité politique. » Et le chef de l'État ne rechigne pas à l'exercer. « Hollande, comme Sarkozy, assume pleinement le renseignement. Mais la différence avec Sarkozy, c'est que ce dernier avait du mal à assumer la clandestinité », raconte un haut responsable des services. « Quand je fais quelque chose, moi, je signe », avait coutume d'affirmer l'ancien président. « De toute façon, il n'y a plus de secret. Tout se sait », ajoutait Nicolas Sarkozy, qui avait notamment refusé des opérations contre des pirates somaliens que lui avait proposées la DGSE. Ce n'est pas le cas de son successeur. « Nous continuons à mener dans le monde des actions secrètes, non revendicables publiquement. C'est important de pouvoir continuer à les mener. Et ça, François Hollande l'accepte parfaitement », poursuit ce ponte des services. Le président s'est même intéressé de près aux moyens du service Action de la DGSE, visant à recentrer celui-ci sur les actions clandestines. « C'est le premier président depuis longtemps qui se soit intéressé au service Action », ajoute cette source.

En clair : le président, sauf exception, ne décide pas abruptement d'une opération de neutralisation de telle ou telle cible. Mais il approuve sans complexe, plus encore que ses prédécesseurs, la doctrine générale de l'élimination ciblée, visant à sanctionner par une mort violente celui qui s'en est pris à des ressortissants français, à des soldats ou à des otages. François Hollande est souvent informé avant les opérations, par son ministre de la Défense ou son chef d'état-major particulier. Et il est systématiquement tenu au courant de leurs résultats, parfois même par SMS. Le président a bel et bien délivré aux armées un permis de tuer. Un de ses anciens conseillers à l'Élysée croit déceler là un trait de caractère qui vaut sur le plan du combat politique comme sur celui de la guerre au djihadisme : « Hollande est un tueur. Un très méchant. De sang-froid. »

Voilà donc la physionomie du combat mené par les forces françaises au Sahel : « On a 3 000 hommes sur un territoire grand comme l'Europe, on n'a donc pas les moyens de tout cibler, concède un responsable militaire. On est là où ça se passe, et quand on a une opportunité qui se présente, on le fait. La plupart du temps, c'est seulement après coup qu'on réussit à savoir qu'on a frappé tel ou tel. Le nombre d'opérations à l'issue desquelles il ne se passe rien est considérable. » Une drôle de guerre donc, sans ligne de front, menée dans une sorte de désert des Tartares où circulent plusieurs dizaines de HVT, dont certaines, à épisodes réguliers, réapparaissent dans le viseur des forces françaises. Lesquelles ciblent, traquent, attendent et, parfois, frappent, en particulier grâce aux renseignements discrètement fournis par les Américains. D'où le caractère irrégulier et aléatoire de cette confrontation armée d'un genre nouveau, où surgissent régulièrement des « cibles d'opportunité » qu'il faut, sans tarder, éliminer. « Dès qu'on peut taper, on tape, résume l'ancien agent de la DGSE cité plus haut. Cela permet de faire des opérations coup de poing, belles et utiles, mais certainement pas de neutraliser le cancer djihadiste de la région. Une force de 3 000 hommes, sur une telle surface, c'est un confetti. Il ne faut pas se leurrer non plus, on n'éradiquera pas le djihadisme. »

Le rôle de la France est-il vraiment de s'installer durablement dans la bande sahélienne pour éliminer les responsables du djihad local et y jouer le superflic du Sahel, comme il fut longtemps le gendarme de l'Afrique ? Dans les rangs de l'exécutif, on conteste en bloc cette thèse d'une résurgence de la Françafrique militaire. Ainsi Hélène Le Gal, conseillère diplomatique du président, nie toute ressemblance avec des faits ayant existé sous la Ve République : « Le gendarme de l'Afrique allait régler des problèmes internes, mater des rébellions, soutenir des chefs d'État menacés de putschs ou au contraire en faire tomber. Barkhane ne travaille que sur les groupes terroristes. C'est une sorte d'assurance tous risques pour les cinq pays africains concernés, qui doit les aider à monter en puissance sur leur nord. »

À en croire l'Élysée, les opérations Serval et Barkhane se situeraient, au fond, dans la continuité des dispositifs Épervier ou Licorne, ou du positionnement des forces françaises dans les bases de Djibouti, du Sénégal ou du Gabon. Il ne s'agirait que d'un « effort de rationalisation », destiné à sortir de la « logique de stationnement, sans mission précise » pour procéder à un redéploiement vers des théâtres plus exposés : « Il n'y a pas plus de soldats français en Afrique qu'il y a trois ans », rappelle-t-on au Palais. Au quai d'Orsay, un diplomate appuie cette argumentation : « Nous sommes dans la lutte contre le terrorisme qui attaque des États faillis ou défaillants. C'est très différent de la Françafrique barbouzarde, caractérisée par le soutien aux dictateurs et la circulation de pognon. Nous ne sommes pas dans des guerres de colonisation. On s'en serait bien passé, de ces conflits, mais ils s'imposent à nous. Ce sont les Maliens qui nous demandent de ne pas partir : en gros, ils nous demandent de réinstaurer un protectorat. C'est hallucinant ! Honnêtement, faire régner l'ordre, on s'en passerait. Mais ça fait partie de notre influence… » Laquelle influence conférerait à la France certaines obligations.

Le dilemme politique est donc sérieux : entre la rupture annoncée, et réelle, avec certaines pratiques « transafricaines » et le devoir revendiqué d'intervenir pour sauver l'ancienne colonie, le cœur de l'exécutif balance fortement. Une contradiction qu'illustre ce haut responsable de la Défense : « Je récuse totalement le schéma Foccart. La Françafrique, c'est d'abord un système piloté par l'Élysée pour favoriser tel ou tel intérêt français. Cela ne correspond plus, aujourd'hui, à la logique de nos interventions. Au Burkina Faso, lors du coup d'État d'octobre 2014, nos forces spéciales étaient basées à vingt kilomètres. Elles ne sont pas intervenues. La logique coloniale n'est plus à l'ordre du jour. » Mais si les logiques de l'intervention française sont de fait radicalement différentes, subsiste néanmoins une forme d'ambiguïté sur le rôle politique particulier qu'aurait la France dans la région : « Les Américains nous disent : "*It's your job!*" poursuit ce responsable. Ils ont fait le choix politique de regarder ailleurs. Or nous, notre statut d'ex-puissance coloniale nous donne une responsabilité. Nous avons décidé de l'assumer. »

Aux yeux des militaires, cette « responsabilité » française, ajoutée à l'inaction des autres pays européens, à la faiblesse des forces africaines engagées et à la distance prise par les États-Unis, conférerait donc à Paris une sorte de mission. Un général le dit sans détour : « Le pourtour méditerranéen, l'Afrique, ce sont les approches directes de la France. C'est le pré carré. » D'abord, et même si c'est le dernier sujet qu'aborderont les responsables de l'exécutif, parce qu'il s'agit d'y défendre directement nos intérêts économiques. Selon l'état-major, l'un des objectifs majeurs de Barkhane reste que « les intérêts stratégiques strictement français [soient] durablement préservés au Sahel », en particulier au Niger, qui abrite les gisements d'uranium exploités par Areva. Si la sécurité des sites d'Areva relève de la responsabilité du gouvernement nigérien et de l'entreprise elle-même, « les enjeux stratégiques nécessitent de conserver une veille permanente sur ce sujet », note la hiérarchie militaire.

Au-delà des mines de métal radioactif, ce que défend la France, c'est « sa crédibilité et son rang sur la scène internationale, en tant que nation en pointe dans la lutte contre le terrorisme djihadiste international et en tant qu'acteur majeur dans la défense du flanc sud de l'Europe », expliquent les généraux. L'opération Barkhane, comme sa grande sœur Serval, se doit donc d'être vantée en termes de communication : pour les généraux, il convient de « mettre en avant Barkhane auprès de l'opinion publique à travers sa dimension régionale et les succès qu'elle obtient », de « valoriser les succès obtenus dans la région et plus largement l'action des militaires français » et de « souligner la cohérence des coopérations bilatérales ». Ce qui sera appliqué à la lettre et à l'image, avec des bataillons de journalistes *embedded* dans l'opération Serval, embarqués avec les troupes françaises sur le limes saharien.

La réalité du terrain, hélas, se révèle nettement moins heureuse. À l'automne 2015, les services de renseignement notaient une « forte résilience des groupes djihadistes sahéliens qui reprennent l'initiative après avoir été considérablement affaiblis pendant Serval ». Après la « reprise de contrôle de l'Adrar des Ifoghas par AQMI et Ansar Dine, notent-ils, on assiste actuellement à leur extension vers le Sud Mali », attestés par la « multiplication d'attaques de postes militaires dans les frontières mauritaniennes et ivoiriennes ». Selon les estimations de l'état-major, pas moins de 500 combattants se trouvaient encore en 2015 au Nord Mali. Les militaires ont constaté la résilience de trois groupes, Al-Mourabitoune, AQMI et Ansar Dine, et s'inquiètent d'une possible allégeance à Daech ou à un regain d'activisme devant l'implantation de ce dernier dans la Libye voisine.

Près de trois ans après s'y être engagée, la France n'en a donc pas fini avec sa guerre sahélienne, travail d'Hercule et de Sisyphe à la fois. Au début de 2014, l'état-major se montrait prudent, envisageant de la livrer « pour un temps indéterminé ». Aujourd'hui, il prévoit, jusqu'à l'été 2016, de « poursuivre les actions de neutralisation » contre les leaders djihadistes. Puis, jusqu'à l'été 2017, de « maintenir une pression constante sur le reliquat » des groupes armés. Et même après cette date, de « maintenir une veille permanente contre toute résurgence majeure de groupes terroristes ». Le contexte militaire s'est imposé aux ambitions politiques initiales. François Hollande est dans les sables du désert pour longtemps, condamné à y demeurer. Diagnostic lucide d'un officier : « Il y a toujours une suspicion de néocolonialisme, surtout à gauche, et des dogmes selon lesquels c'est le développement, et pas les opérations militaires, qui va régler les problèmes africains. Mais notre déploiement sur place nous a fait prendre la pleine mesure de la fragilité de la zone. Barkhane a constitué une sorte de retour à la réalité. Nous avons vécu sur l'illusion que ces États pouvaient faire face par eux-mêmes au défi sécuritaire, ce qui peut paraître naïf ou aberrant aujourd'hui. Dès lors qu'on a mis le coup de pied dans la fourmilière, on peut plus se retirer. On est là pour vingt ans. » Ce que confirme un haut responsable de la Défense : « La France est là depuis deux siècles, et elle y est encore pour longtemps. »

Le président et la mort

« Maintenant, nous devons prendre le risque. » Le président a tranché. Ce vendredi 11 janvier 2013 au matin, lors du fameux conseil de défense qui a décidé du déclenchement de l'opération Serval, François Hollande s'est également prononcé en faveur d'une deuxième intervention des plus sensibles, à l'autre extrémité du continent africain celle-là. C'est l'opération Shebab, du nom des islamistes somaliens qui s'étaient emparés de Mogadiscio, voici dix ans, avant de se replier dans le Sud sous la pression d'une force africaine, l'Amisom. C'est là, à Bulo Marer, au sud de la capitale somalienne, qu'ils retiennent Denis Allex, un sous-officier du service Action de la DGSE, prisonnier depuis plus de trois ans. Ses camarades des services secrets, qui cherchaient en vain sa trace depuis son enlèvement, l'ont enfin repéré, depuis l'été 2012. Et préparent secrètement, depuis des mois, une tentative de libération.

Extrêmement risquée et complexe sur le plan technique, l'opération doit se faire au cours d'une nuit sans lune. Elle nécessite le soutien d'un bâtiment de l'US Navy situé dans la zone, que sollicite Jean-Yves Le Drian auprès de son homologue à Washington. « C'est même monté jusqu'à Obama », rapporte un haut responsable de la Défense, qui raconte : « On savait où était Denis Allex, dans quelle pièce il dormait et combien sont les types qui le gardaient. Mais il fallait prendre beaucoup de précautions, et surtout que le secret soit bien gardé. Ça a fait l'objet d'une préparation extrêmement minutieuse. » Quelques semaines plus tôt, un bâtiment de projection et de commandement (BPC), six hélicoptères Caracal et Tigre, ainsi qu'une quarantaine de commandos du service Action ont été prépositionnés dans la zone.

Le président, pour sa part, suit depuis plusieurs semaines déjà les préparatifs de l'opération. En novembre 2012, le ministre de la Défense Jean-Yves Le Drian lui a présenté le dossier : « Est-ce que tu es d'accord ? » Sur le principe, Hollande valide. Mais il a tout de même pris soin de recevoir l'épouse de Denis Allex, pour l'interroger : « Que diriez-vous si on expliquait qu'on peut aller le chercher, mais qu'il y a des risques sérieux ? » L'épouse affirme redouter ces « risques », mais comprend le principe de l'opération : « Je pense que c'est ce qu'il voudrait. » Quand le patron de la DGSE, Erard Corbin de Mangoux, expose les risques de l'intervention devant le conseil de défense, ce 11 janvier, le principe en est donc déjà acquis. « Le président a confirmé à la suite de l'exposé du DGSE de l'époque que nous étions prêts et que nous prendrions le risque de mener l'opération, avec la crainte que l'otage ne fût tué et qu'il y ait d'autres morts. Nous savions qu'il n'y aurait peut-être pas d'opportunité avant longtemps », indique un participant.

Fort du feu vert présidentiel, l'opération Shebab est lancée. Mais lorsque les agents du service Action, déposés par hélicoptère quelques heures plus tôt, atteignent l'enceinte où est retenu leur collègue, l'un deux marche sur un Shebab endormi sous une couverture, qui se réveille, et donne l'alerte. Outre l'agent Denis Allex, immédiatement abattu par les islamistes somaliens, deux de ses camarades perdront la vie au cours de l'opération, mitraillés à l'arme lourde juste après avoir pénétré dans l'enceinte. Un drame pour le service, qu'a suivi heure par heure le chef de l'État. « À minuit, j'ai la notification que notre service est bien arrivé sur place et qu'il s'apprête à aller plus loin. À 1 heure, on sait qu'ils sont passés à l'action. À 2 heures, on apprend que l'opération a échoué », raconte François Hollande. À en croire ceux de ses interlocuteurs qui l'ont eu cette nuit-là, le président est en colère : « Ce n'est pas possible ! Comment peut-on rater ça ? Comment se fait-il qu'on n'y arrive pas ? » Un haut responsable de la Défense résume, laconique : « Un mec dormait là, un soldat a marché sur lui, on a trois morts.

Autrement, ça gagnait. » Ce que confirme un ancien agent de la DGSE : « C'était courageux de l'avoir tenté, mais ils n'ont pas eu de bol. »

La France peut-elle décemment en rester là ? « Il y avait vraiment un désir de vengeance collective après les morts de cette opération », confie un haut gradé. Les services français vont donc se mettre sur la piste d'Ahmed Godane, chef des Shebab somaliens, responsable du massacre commis dans un centre commercial de Nairobi, au Kenya, en septembre 2013 et activement recherché par l'US Army. En septembre 2014, le véhicule d'Ahmed Godane explose sous des tirs américains. Ce sont les services français qui ont fourni l'information. La punition a été délivrée. « On a fini par l'avoir », poursuit cette source. Le président lui-même avait donné la consigne. Un haut responsable des services le confirme à demi-mot : « Il a toujours été entendu que cette affaire devait avoir une suite. Il y a le souci de montrer que la République n'oublie pas et que ceux qui l'ont offensée le paieront. » Gouverner, c'est punir…

Si le président ordonne la mort, il la subit également. De plein fouet. Ces trois agents de la DGSE ne sont pas les premiers militaires tués pendant le quinquennat. Mais ils représentent, avec Damien Boiteux, le pilote des forces spéciales mortellement touché au premier jour de l'opération Serval, les premiers tués dans une opération décidée et déclenchée par François Hollande. Et ce dernier prend les choses à cœur. Quelques jours plus tard, dans le Falcon qui l'emmène, avec Jean-Yves Le Drian et Benoît Puga, vers Perpignan, où se tient l'hommage aux agents de la DGSE tués au cours de l'opération, le président, silencieux, corrige et réécrit son discours jusqu'à l'atterrissage. C'est la première fois qu'il prononce un hommage à un militaire français mort en opération extérieure, sa première confrontation avec un drame humain dont il est, politiquement, le premier responsable. À la citadelle de Perpignan, qui accueille le centre d'instruction du service Action, la cérémonie, s'agissant des services secrets, n'est bien sûr pas ouverte, ni au public ni à la presse. Seulement aux collègues et à la famille des morts. Le propos présidentiel n'est donc pas un effet de communication, et sa tristesse n'est pas feinte. « Lui-même était très ému par ce qu'il disait », rapporte un participant.

La mort a donc tôt taraudé François Hollande, comme ses prédécesseurs. En fait, dès les tout premiers jours de son quinquennat. Elle fait partie de son job de président, et occupe une bonne partie de son temps. « La mort surgit aussi vite que la responsabilité », explique-t-il. À peine investi, François Hollande a dû faire face, en juin 2012, à une série noire au sein de l'armée française : deux femmes gendarmes assassinées dans le Var ; deux militaires du 9e RIMa tués au cours d'affrontements contre des chercheurs d'or clandestins en Guyane ; et quatre autres soldats fauchés dans une attaque des talibans, à la veille du premier tour des élections législatives, dans la province afghane de la Kapisa, le tout en un mois, à peine. Cette dernière attaque, menée dans une région que François Hollande a visitée quelques jours plus tôt, l'avait particulièrement éprouvé.

« La mort est là, et le président doit vivre avec la mort. Pour l'éviter, pour l'apaiser, pour l'affronter », dit-il. Voire pour la déclencher, comme on l'a vu. Il en a enduré tout le spectre, des éliminations ciblées qu'il a approuvées aux tragédies humaines qu'il a éprouvées. Elle patrouille en permanence dans les allées du pouvoir présidentiel. Son vieil ami Michel Sapin en atteste : « Un mot m'avait frappé quand j'avais discuté avec lui de ce qui était dur et éprouvant dans son rôle. Il m'avait dit : "Dans cette fonction, la mort rôde partout." » Pour le président, ce n'est pas une surprise : il l'avait découverte en 1983, après l'attentat-suicide du Drakkar, qui avait frappé le contingent français à Beyrouth et tué 58 parachutistes. François Hollande se souvient parfaitement de la cérémonie à laquelle il avait assisté lors de l'hommage rendu aux morts aux Invalides, alors qu'il était directeur de cabinet de Max Gallo, porte-parole du gouvernement Mauroy : « Je sais ce que coûte une intervention ou une présence militaire, raconte-t-il. J'étais dans la cour des Invalides ce jour-là, devant ces dizaines de cercueils. C'était le drame le plus lourd que l'on ait eu à vivre ces années-là. J'ai un souvenir précis de cette cérémonie, de ces familles, de cette foule énorme. J'avais compris ce jour-là ce qu'était le drame, la tragédie. »

En tant que premier secrétaire, il avait assisté à nombre d'autres cérémonies à l'hôtel des Invalides. Et bien plus encore depuis mai 2012, mais dans une tout autre position : celle du chef des armées, responsable au premier chef des morts sur les théâtres d'intervention. À l'usage, cependant, François Hollande ne regrette rien : « La mort est toujours présente, encore davantage lorsque le président décide d'une opération. Lorsqu'il s'agit d'une opération décidée avant lui, il peut toujours s'en extraire, en termes de responsabilité. Mais sur les opérations au Mali ou en Somalie, il s'agissait de ma propre responsabilité. Ce sont les premiers morts à propos desquels je peux me dire que, si je n'avais pas pris cette décision, ils ne seraient sans doute pas morts. C'est une très grave responsabilité. Mais la seule question qui vaille, c'est : fallait-il prendre cette décision ? Était-ce la bonne décision ? Je ressens de la douleur, bien sûr. Je mesure ce que ma décision a pu produire. Mais j'assume ces choix et je ne les regrette pas. »

François Hollande a terminé son apprentissage du pouvoir souverain de vie et de mort. Avec le temps, la succession des opérations extérieures et la « fréquentation » de cette dernière, le président n'ignore plus rien de la dévastation que la foudre projetée depuis l'Olympe peut provoquer, dans les rangs ennemis comme dans ceux des armées françaises. Son chef d'état-major particulier, le général Puga, s'est d'ailleurs chargé de le lui rappeler, à plusieurs reprises : « La bombe, elle tue… » Quand il décide de la larguer, c'est en pleine connaissance de cause, avec la conscience du risque de voir la France frappée à son tour. « On pourrait imaginer que, compte tenu des moyens technologiques, on pourrait, sans dommages, bombarder ou lancer des forces spéciales invulnérables, résume François Hollande. Mais non : la guerre, c'est la mort. Et il n'existe aucune guerre où les victimes ne se comptent que d'un seul côté. » La guerre, comme la mort sont à double sens. Deux ans presque jour pour jour après avoir lancé la France dans « la guerre contre le terrorisme », ce dernier va à son tour, en frappant au cœur de Paris, faire vaciller celle-ci.

CHAPITRE 6

96 heures chrono

« Ils sont tous morts. Viens ! » C'est l'urgentiste Patrick Pelloux, en larmes, qui, le premier, a informé François Hollande au téléphone, quelques minutes avant midi. Le très médiatique médecin, membre de la rédaction de *Charlie Hebdo*, avait déjà tenté de passer par la secrétaire, mais celle-ci n'avait pas parfaitement compris le message. C'est donc en parlant à son ami, arrivé sur les lieux juste après le massacre, que le président saisit l'ampleur du drame. Deux hommes viennent de faire irruption à la conférence de rédaction de l'hebdomadaire satirique et d'y perpétrer un massacre à l'AK 47. « Ils sont tous morts ! » « J'arrive tout de suite », a, sans réfléchir, répondu Hollande.

La matinée de ce mercredi 7 janvier 2015 avait commencé fort paisiblement au premier étage de l'Élysée, où le président, entre deux rendez-vous, peaufinait à son bureau le discours qu'il prononcerait le lendemain aux Invalides, en hommage au résistant Robert Chambeiron, un proche de Jean Moulin. La parfaite routine de l'agenda présidentiel, brutalement percutée par la fusillade qui vient d'éclater à quelques stations de métro de là. Le président, qui a été rejoint par Gaspard Gantzer, son responsable de la communication, a appelé dans l'instant Manuel Valls et Bernard Cazeneuve, premier échange d'une longue série entre les trois hommes. Il sait à quoi s'en tenir : à cet instant, une dizaine de victimes, au moins. L'entretien prévu avec Patrick Pouyanné, le patron de Total, que le chef de l'État, par courtoisie, fera tout de même entrer dans son bureau, ne durera que quelques secondes. François Hollande file à vive allure en direction de la Bastille, vers les lieux du crime.

Dans la voiture présidentielle, Gaspard Gantzer, assis sur l'accoudoir central, et le tout nouveau directeur de cabinet de Hollande, Thierry Lataste, arrivé à l'Élysée… quarante-huit heures plus tôt. Ancien directeur de cabinet de Manuel Valls, puis de Bernard Cazeneuve place Beauvau, il va se révéler, fort de son expérience policière, un solide point d'appui face à la secousse terroriste. Boulevard Richard-Lenoir, rien ne passe plus. Le quartier est totalement thrombosé, et le véhicule du président bloqué par des cordons de police. François Hollande doit finir à pied le trajet vers les locaux de Charlie, entouré par ses officiers de sécurité, dans « une atmosphère de guerre », selon un témoin. Il emprunte la rue où les terroristes viennent d'abattre le brigadier Ahmed Merabet. Des douilles de kalachnikov jonchent le sol. Les cordons de scène de crime sont déjà tendus. « Faites attention ! Ne touchez pas les preuves », prévient un enquêteur. La police, les pompiers, le SAMU s'affairent. C'est Bagdad dans le XIe arrondissement.

Ce déplacement à chaud du président sur les lieux de l'attentat, une heure après celui-ci, suscitera d'ailleurs rapidement une polémique. Et si le président avait été embarqué dans un scénario à l'irakienne, avec un premier attentat pensé pour attirer des officiels et les frapper ensuite à l'aide d'une seconde bombe? N'a-t-il pas pris là un risque insensé pour sa sécurité? L'Élysée dément fermement et assure que toutes les précautions ont été prises. Mais quelques mois plus tard, des officiers chargés de sa sécurité concéderont qu'il s'agissait là d'un très sérieux manquement aux plus élémentaires préventions en la matière: «On n'a même pas fait passer un chien. Nous avons amené le président dans un espace suicidaire», avouera au journal *Le Monde* un membre du Groupe de sécurité de la présidence de la République (GSPR), qui se disait alors «inquiet de s'engager sur des terrains qui mettent en danger la vie du président». François Hollande, ce jour-là, s'est-il réellement mis en péril? La question fait désormais partie de la légende de ces journées tragiques, mais également si politiques… Une de ses conseillers à l'Élysée se le rappelle: «La précaution sûre était de rester ici. Beaucoup de responsables auraient hésité à se rendre tout de suite sur place. Il a pris cette option et décidé d'y être. À nous de nous débrouiller pour faire face au risque.» En clair: en venant à *Charlie*, Hollande a effectué un véritable acte politique, faisant fi du risque. Voilà qui, déjà, dessine la chanson de geste que déploiera l'Élysée tout au long de cette crise: celui d'un «homme de caractère, de décision», faisant face avec courage…

Rue Nicolas-Appert, devant le siège de l'hebdomadaire,

le président retrouve le préfet de police et le ministre de l'Intérieur, qui a, lui aussi, été contraint d'abréger un rendez-vous avec Pierre Tartakowsky, le président de la Ligue des droits de l'homme, pour accourir sur place. Police, pompiers et SAMU les briefent sur le nombre exact de victimes : sans compter les blessés graves, elles sont douze. Parmi elles, outre les membres de la rédaction, Charb, Cabu, Wolinski, Tignous, Honoré, Bernard Maris, Mustapha Ourrad et Elsa Kayat, l'invité de la semaine Michel Renaud, deux policiers, Franck Brinsolaro, Ahmed Merabet, et Frédéric Boisseau, un agent de maintenance. Le diagnostic est terrifiant. *Charlie Hebdo* vient d'être décimé à l'arme de guerre. « C'est épouvantable. Une immense tristesse. Un choc terrible », dit Bernard Cazeneuve.

« Il ne faut pas y aller, les secours sont en train de travailler », prévient le SAMU. Le président ne dit mot, mais prend le parti d'une allocution télévisée instantanée. Sur place, et en totale improvisation. « Rien n'est préparé. Ce sont ses mots à lui. En direct », raconte un proche. François Hollande évoque le « choc », annonce la mise en place du « plan Vigipirate-alerte attentat », pointe l'évidence d'« un attentat terroriste » et promet que les « barbares » qui l'ont commis seront « pourchassés aussi longtemps que nécessaire pour qu'ils puissent être arrêtés, traduits devant les juges et condamnés ». Il en appelle enfin, « autant que possible, à l'unité nationale ». Sous le drame, déjà, pointe la politique.

« Quelques instants d'éternité »

S'il a été évidemment choqué par cette visite sur un théâtre de guerre, le président, de retour à l'Élysée, n'en laisse rien paraître. « Il ne porte pas d'appréciation sur le drame. Il est dans l'action. Il sait qu'à partir du moment où il y est allé, c'est lui qui est en première ligne, et d'abord sur la lutte contre la terreur », dit un participant. Après un déjeuner avec sa garde rapprochée, réunion interministérielle de crise, à 14 heures, dans le salon vert qui jouxte le bureau présidentiel. Il y a là tous les ministres concernés, les patrons des services de renseignement, de la police et de la gendarmerie, le préfet de Paris, et quelques conseillers du président. L'atmosphère est lourde, « le ton d'une extrême gravité », selon un participant. Tout y passe : les victimes, le plan Vigipirate et, bien sûr, la traque. « Mon obsession, à ce moment, c'est qu'on les identifie », raconte Bernard Cazeneuve qui a dans l'intervalle déployé des policiers devant tous les médias, « de peur qu'ils ne tapent d'autres organes de presse ». Pour Patrick Calvar et Bernard Bajolet, patrons respectifs de la DGSI et de la DGSE, la piste djihadiste, et précisément celle d'Al-Qaïda, ne fait plus de doute.

La carte d'identité de Chérif Kouachi sera vite retrouvée dans le véhicule que les tueurs ont abandonné, faisant gagner de précieuses heures aux enquêteurs. Les terroristes sont identifiés. « La priorité est de les capturer le plus vite possible », raconte Manuel Valls. Une cellule de crise est installée dans le « fumoir », au rez-de-chaussée de l'hôtel du ministre place Beauvau, pour piloter la chasse à l'homme, 24 heures sur 24, et faciliter l'échange d'informations entre services. La petite salle de réunion va vite devenir « le centre nerveux du pays, en mode crise de Cuba », selon un responsable policier, avec cartes d'état-major, gradés avec oreillettes et ordinateurs, placé sous l'autorité directe du ministre. Bernard Cazeneuve y tient : un peu plus tard dans la soirée, alors que la police intervient dans le quartier de la Croix-Rouge, à Reims, où réside l'un des frères Kouachi, le ministre aura la désagréable surprise de voir le RAID et le GIPN se préparer en direct sur les chaînes d'info en continu, dont les caméras filment, à quelques mètres, les policiers... Le ministre est sidéré, et ulcéré. « Ça m'a rendu hystérique : comment cette opération a-t-elle été préparée ? Pourquoi n'y a-t-il pas de périmètre de sécurité ? Quand je pose ces questions, je me rends compte que chacun a préparé cette opération dans son coin. Chacun essayait de rapporter le trophée pour lui. » Cazeneuve pousse alors un « gros coup de gueule », raconte-t-il : « Ce sont des attitudes de travail scandaleuses ! Face à la situation à laquelle on est confronté, vous allez tout partager, et faire en sorte que la maison Intérieur et la République réussissent ! On a donc enfermé tout le monde dans une pièce et expliqué qu'on n'en sortirait que quand tout serait terminé... » Ils y resteront jusqu'au lundi matin.

Un parfum de *24 Heures chrono* flotte sur l'exécutif. En quelques heures, le trio Hollande-Valls-Cazeneuve s'est installé aux commandes. Loin des couacs et des errements de la première partie du quinquennat, il ne commettra pas, pendant ces trois jours d'angoisse, le moindre impair politique. « C'est là que se constitue cette unicité de commandement qui durera jusqu'au dénouement », poursuit Manuel Valls. Cazeneuve informe en temps réel le président et le Premier ministre. Les trois hommes, naturellement, retrouvent le fonctionnement fluide qui avait été le leur pendant la campagne présidentielle, quand Valls, directeur de la communication, et Cazeneuve, porte-parole de la campagne, constituaient la première des phalanges opérationnelles du candidat Hollande. « Nous avions appris à fonctionner ensemble au moment de la campagne, nous nous connaissons donc très bien. Nous savons qui fait quoi, et quel est le rôle de chacun. Les choses se font naturellement, de façon harmonieuse. » La fibre policière du Premier ministre, qui en deux années passées place Beauvau a parfaitement pris la mesure du risque terroriste, l'un de ses dossiers prioritaires, renforce encore la fluidité des échanges. La traque et la mise en place de mesures de « protection », cependant, ne sauraient constituer la seule réplique. Celle-ci passe aussi par la compassion et la communication du président, qui décide qu'il s'exprimera en direct, le soir même, à la télévision.

Il est 16 heures quand François Hollande arrive à l'Hôtel-Dieu, trois heures après l'attaque. Se trouvent là les médecins qui étaient sur place, les proches des victimes, ceux qui ont réchappé à l'attentat. Premier message de compassion du président : « C'est terrible, ce qui vous arrive. Mais vous savez, il faut se battre. Ils ne sont pas morts pour rien. » Du côté de la rédaction de *Charlie*, l'on s'interroge : faut-il faire un journal la semaine prochaine ? Le chef de l'État n'hésite pas : « Oui, vous allez faire un journal. Bien sûr. On vous aidera. »

Un peu plus tard, François Hollande décide de maintenir les vœux aux autorités religieuses, prévus à l'agenda. Puis il s'adresse aux Français, devant 21 millions de téléspectateurs, record absolu pour une intervention présidentielle. Sans prompteur. « Aujourd'hui, c'est la République tout entière qui a été agressée », lance le président, qui décrète une journée de deuil national et des drapeaux en berne pendant trois jours. « La liberté sera toujours plus forte que la barbarie », promet-il avant de creuser le sillon de l'union sacrée : « Rien ne peut nous diviser, rien ne doit nous opposer, rien ne doit nous séparer », pose le chef de l'État, qui annonce qu'il recevra le lendemain les leaders de toutes les formations politiques.

Au-delà de l'urgence antiterroriste, l'exécutif a tout de suite saisi la violence du traumatisme national. « Nous comprenons que c'est un choc pour la France », explique le Premier ministre. Surpris par l'ampleur des rassemblements spontanés dans de nombreuses villes françaises, ce mercredi soir, Hollande et Valls ont tout de suite en tête le souvenir de l'immense manifestation populaire qui avait suivi les attentats commis à la gare d'Atocha, à Madrid, le 11 mars 2004. Ils encouragent le premier secrétaire du PS, Jean-Christophe Cambadélis, à prendre une initiative en ce sens. Mais quand ce dernier a appelé son homologue de l'UMP, Nicolas Sarkozy a refusé de lui parler, estimant qu'avoir un contact avec le leader socialiste n'est pas de son niveau, celui d'un ancien chef de l'État… Ce sera donc à Manuel Valls de téléphoner à ce dernier, pour établir le contact.

Le soir, après son allocution télévisée, le président dîne dans son bureau avec son staff. Depuis le début de la crise les conseillers du président appellent cette table du souper, presque inconsciemment, le « bureau ovale »... La question est désormais politique : comment recevoir les partis et prolonger le plus longtemps possible l'union sacrée ? Après une allocution centrée sur ce thème, « ce qui s'impose, c'est de maintenir cet esprit d'unité nationale », estime le chef de l'État, qui n'hésite pas une seconde sur la nécessité de recevoir aussi Marine Le Pen. Et qui, surtout, entend traiter avec les plus grands égards son prédécesseur et meilleur ennemi, Nicolas Sarkozy. « Les voir réunis, c'est un des plus beaux symboles de l'unité nationale », résume un proche. C'est Thierry Lataste, camarade de promotion de Michel Gaudin, directeur de cabinet de Nicolas Sarkozy, qui fait le lien. Après avoir eu au téléphone le monde entier, sous le choc, et reçu les témoignages de soutien de Merkel, Cameron, Rajoy, Obama et Poutine, François Hollande compose lui-même, dans la soirée, le numéro de son prédécesseur et adversaire... qui est toujours enregistré dans le téléphone fixe du bureau du président. Tutoiement de rigueur : « Tu fais comme tu veux, mais je te propose de te recevoir en premier, propose Hollande. Dans le format que tu veux. » L'exécutif, pour illustrer la concorde, est prêt à tous les gestes, à toutes les concessions. « L'état d'esprit du président, et le mien, était qu'il ne devait pas y avoir de fautes, rappelle Manuel Valls. Il était important qu'il n'y ait pas de faille dans l'unité nationale. »

Le jeudi matin, à 9 h 30, Nicolas Sarkozy est donc le premier leader politique reçu à l'Élysée. Trois quarts d'heure de tête à tête, au cours desquels le président informe son adversaire de 2012 des mesures de sécurité prises, le consulte sur le rassemblement des forces politiques et les manifestations prévues pour le dimanche suivant. Sarkozy en approuve le principe, mais laisse poindre une inquiétude : celle de sa propre banalisation. « Le message, c'est qu'il voulait être traité autrement, raconte un haut responsable de l'exécutif. Il redoutait deux choses : se retrouver avec Marine Le Pen, être banalisé entre Cécile Duflot et Jean-Christophe Cambadélis. Il souhaitait s'imposer au sein de l'opposition comme le seul interlocuteur… » Plus tard, François Hollande s'entretiendra également au téléphone avec Jacques Chirac et, plus longuement, avec Valéry Giscard d'Estaing.

Parallèlement à ces grandes manœuvres, la course-poursuite s'intensifie. « Nous sommes concentrés sur le plan massif qui est déployé, avec un énorme ratissage de la Seine-et-Marne. Nous laissons l'opération se déployer sous la responsabilité du GIGN », raconte Bernard Cazeneuve. Malgré des informations contradictoires selon lesquelles les frères Kouachi auraient pu passer entre les mailles du filet, le ministre maintient le dispositif. La tension est d'autant plus grande qu'un troisième tueur est désormais dans le viseur de la police : à 8 heures du matin, un homme a froidement abattu une policière municipale à Montrouge. Le cauchemar continue. « Nous avons désormais deux fronts », commente Cazeneuve.

« L'ADN a matché ! » Tard dans la nuit de jeudi à vendredi, pendant laquelle ni Valls ni Cazeneuve n'ont dormi une seule seconde, la phrase a retenti dans le QG du « fumoir », place Beauvau. L'identité de l'auteur du meurtre de Montrouge, Amedi Coulibaly, déjà identifié grâce aux caméras de vidéosurveillance de la ville, vient d'être confirmée. Le puzzle se reconstitue.

Vendredi matin, au terme de vingt-quatre heures de traque, le filet se resserre autour des Kouachi. Après avoir dérobé une 206, restée embourbée, et dormi dans la forêt, les deux assassins sont coincés dans l'imprimerie de Dammartin, cernée par le GIGN. « On les a », jubile Bernard Cazeneuve, qui informe minute par minute Hollande et Valls de l'avancée du siège. « Les mecs sont logés, l'otage libéré, le GIGN est là : on a le sentiment qu'on avance », glisse un proche du président, qui sent l'issue proche. Las… François Hollande s'apprête à s'attabler avec son équipe dans le salon des portraits de l'Élysée lorsqu'à 12 h 45, Bernard Cazeneveuve l'appelle. Et l'informe de l'attaque qui vient d'être perpétrée dans l'Hypercacher de la porte de Vincennes. On compte déjà plusieurs morts probables, et un nombre significatif d'otages. La tragédie n'est pas terminée.

Pour le ministre de l'Intérieur, il n'y a plus de doute possible : « Je comprends tout de suite que c'est Coulibaly », dont la mère et la sœur ont dans l'intervalle été placées en garde à vue. Le patron de Beauvau se rend immédiatement sur place, se fait briefer sur le nombre de morts, la configuration des locaux et les risques d'une opération. Il demande à la BRI de se tenir prête, puis revient informer le président, qui a convoqué en urgence à l'Élysée le Premier ministre et la garde des Sceaux, Christiane Taubira. Au climax de l'angoisse, le quatuor va piloter tout l'après-midi les opérations depuis le bureau présidentiel, en liaison avec le général Denis Favier, patron de la gendarmerie, et le directeur de la police judiciaire, Bernard

Petit, qui supervise l'intervention à Vincennes. « On est dans l'action, pilotée à la minute près, raconte Manuel Valls. Pas dans la préparation d'un projet de loi, à évaluer le pour et le contre. » L'image des politiques en action, que répercutera à l'envi, à des fins de storytelling, le staff du président. Lequel n'est pas loin d'être désormais dépeint en Jack Bauer, le remuant agent antiterroriste de la série, sans cesse occupé à sauver son pays… En politiques avertis, Hollande et Valls savent pertinemment à cet instant que cette journée, entre toutes, laissera une trace dans l'histoire du quinquennat. « Vous savez que tout ce qu'on se dit là sera un jour dans un procès-verbal », prévient même le Premier ministre, qui a évidemment consulté, lors de son passage à Beauvau, le rapport d'enquête sur l'affaire Merah…

L'interrogation stratégique est simple, mais lourde. Faut-il intervenir ? Et si oui, à quel moment ? « Nous savons que cela ne durera pas des heures et des jours. Cazeneuve et moi partageons totalement l'idée qu'il faut en terminer dans la journée, et donc qu'il faudra agir vite », raconte Manuel Valls. Les patrons de la police et de la gendarmerie partagent ce point de vue. Les liens avérés entre les Kouachi et Coulibaly rendent obligatoire une intervention simultanée, à Paris et en Seine-et-Marne, afin d'éviter que Coulibaly, s'il était informé de l'opération de Dammartin, ne s'en prenne à ses otages, nombreux. « Le type est déterminé, il a déjà tué plusieurs personnes, il y a peut-être des blessés en train d'agoniser. Et en plus, il demande la publication de bandeaux sur BFM TV et déroule un plan de com, soit par militantisme, soit par ultra-narcissisme. Il n'allait pas se rendre, il ne sera pas moins dangereux dans six heures. Ça a achevé de convaincre le président qu'il fallait y aller tout de suite », rapporte un conseiller de François Hollande.

Le choix de l'assaut est unanime : « Nous savons que nous devons prendre ensemble cette décision, que nous sommes solidaires de cette décision », poursuit Manuel Valls, qui le dit cependant au chef de l'État : « C'est toi qui donnes l'ordre. » Peu après 16 heures, François Hollande l'annonce aux policiers et gendarmes : « Il va falloir y aller vite. De façon concomitante. » Bernard Cazeneuve appelle le préfet de police pour répercuter l'ordre présidentiel : « Vous intervenez maintenant. » Mais en ces jours sombres, rien ne saurait se passer comme prévu. La sortie imprévue, kalachnikov au poing, des frères Kouachi de l'imprimerie de Dammartin va précipiter le cours des événements et l'assaut sur l'Hyper-cacher. Dans le bureau présidentiel, la télévision diffuse l'édition spéciale de BFM TV : François Hollande et ses ministres, qui comptent quelques minutes d'avance sur les chaînes d'information en continu, redoutent que la préparation de l'assaut des policiers sur le supermarché casher ne soit diffusée en direct, prévenant le terroriste de son imminence. Quand le président, au bout de trois minutes, apprend que les frères Kouachi ont été abattus et que leur otage est vivant, BFM annonce l'assaut de Dammartin, en réalité déjà terminé. Mais celui de la porte de Vincennes, infiniment plus risqué, est encore en cours d'exécution. Et il n'en a encore aucune nouvelle.

Dans le bureau du président, la tension est à son comble, et l'air irrespirable. Au point que François Hollande et Manuel Valls sortent quelques minutes sur le balcon.

Les deux hommes conservent un souvenir précis de ce moment d'intensité. Le président : « Entre le moment où vous dites "allez-y" et le moment où vous avez le retour de l'opération, c'est une attente interminable de quelques minutes. Une éternité qui dure quelques instants. On attend, on attend, on attend… » Le Premier ministre : « J'ai vu le voile de la gravité se poser sur le président et sur nous tous. Nous avions déjà le sentiment, même si on aurait préféré ne pas le vivre, que c'était un moment unique en termes d'intensité. Ce furent les minutes les plus longues de notre existence. »

Quelques minutes « d'éternité » plus tard, le patron de la PJ, Bernard Petit, informe Bernard Cazeneuve au téléphone : Coulibaly est « neutralisé », les quinze otages restés en vie sont libres et il n'y a que deux blessés parmi les policiers. C'est terminé. « Là, il y a eu un immense soulagement. Une émotion considérable », dit Bernard Cazeneuve, qui tombe dans les bras de Hollande, Valls et Taubira. Rare moment de sincère effusion après l'intense crispation des trois derniers jours, et avant que le combat politique ne reprenne ses droits. François Hollande : « Nous n'avons pas éclaté de joie, c'était impossible après tant de morts. Mais il y avait une forme de soulagement, d'accomplissement, comme si nous étions subitement libérés de ce poids. Nous savions que c'était le dénouement. Nous nous sommes arrêtés un moment pour nous toucher, comme pour marquer une forme de solidarité, d'amitié et de fraternité après ce que nous venions de vivre. » Manuel Valls : « Pendant ces trois jours, notre relation a été remarquable, à la fois très précise et très forte. Au moment de l'assaut sur l'Hypercacher, on a même vécu un grand moment de fusion. » Bernard Cazeneuve : « Un très grand calme, une très grande confiance, une très grande concentration. Et aussi de la fraternité. Là, nous sommes des amis. Et ça se voit. » Un bref instant de panique traverse tout de même l'assistance quand tombe, peu après l'intervention sur l'Hypercacher, une dépêche de l'Agence France Presse annonçant une prise d'otages dans une bijouterie de Montpellier. Mais le quatuor comprend vite qu'il s'agit d'un hold-up qui a mal tourné, sans rapport aucun avec les attentats de Paris.

François Hollande, de ces heures noires, aime à rappeler une anecdote dont il conserve un souvenir amusé. « Bernard Cazeneuve n'avait pas le téléphone de la situation », rappellera-t-il plus tard, moqueur, à l'adresse de son ministre de l'Intérieur : celui-ci a piloté la totalité des opérations policières et délivré ses instructions sur un curieux portable, hors d'âge et minuscule… Cazeneuve, depuis les plaisanteries du président, a changé de téléphone. Après avoir raccompagné sur le perron ses trois ministres, comme un hôte le ferait avec trois vieux amis, le président prépare son intervention télévisée, la troisième de ces trois jours de guerre. Le dispositif médiatique est massif, appuyé par Manuel Valls au *20 Heures* de TF1 et Bernard Cazeneuve sur France 2. Pour les conseillers de l'Élysée, il vise évidemment à capitaliser sans tarder sur l'élan de ces trois jours, à poursuivre cette dynamique régalienne dont ils ont parfaitement perçu combien elle pouvait se révéler réparatrice pour l'image, considérablement dégradée, du chef de l'État. À peine l'intervention était-elle terminée que le président et ses ministres songeaient déjà à ses implications et bénéfices politiques collatéraux : « Nous sommes des politiques, et nous avons déjà en tête une interrogation sur les conséquences de ces événements sur la société française », rappelle Manuel Valls. Bénéficiaire d'un phénomène soudain de net raffermissement après le cauchemar politique qu'il a traversé dans les derniers mois, le président, lui, a bien l'intention de persévérer. « La France a fait face », explique François Hollande qui, de bonne guerre, endosse devant 17 millions de personnes la posture du vainqueur. Après son allocution, le président dîne avec son staff dans le salon vert, pour préparer, déjà, la suite des opérations : la grande manifestation de dimanche. Le président en a déjà une idée très précise : les victimes devront défiler en tête du cortège, devant les très nombreux chefs d'État qui ont manifesté la volonté de participer à la grande marche de Paris. Il ne peut s'empêcher de sourire lorsqu'il apprend que ces derniers seront convoyés sur place tous ensemble, en autobus…

Au premier rang

Depuis deux jours, le Quai d'Orsay, l'équipe diplomatique de l'Élysée et l'Intérieur sont en surchauffe afin d'organiser, pour le surlendemain, ce qui s'annonce d'ores et déjà comme « la » journée du quinquennat Hollande : l'équivalent de deux G20 réunis et de ce qui s'annonce comme la plus importante manifestation depuis la Libération, le tout sur fond de risque terroriste maximal…

Car d'Europe, d'Afrique et du Proche-Orient, chefs d'État et de gouvernement se bousculent pour en être. Angela Merkel, personnellement affectée par les tueries de Paris, a été l'une des premières à manifester sa disponibilité, tôt suivie par tous ses homologues qui siègent aux côtés de François Hollande aux conseils européens de Bruxelles. Mais d'autres demandes sont plus problématiques. Comme celle de Benyamin Netanyahou, qui tient absolument à être de la marche, fermement décidé à faire le lien entre la politique sécuritaire israélienne et le combat contre le terrorisme que vient de livrer la France, et ainsi à tenter de rompre l'isolement diplomatique qui menace l'État hébreu. Mais François Hollande, c'est le moins qu'on puisse dire, n'est pas chaud... Malgré les assauts répétés de l'ambassadeur israélien de l'époque, Yossi Gal, auprès de la cellule diplomatique, celle-ci tentera de décliner. « Il n'y avait pas un grand enthousiasme à l'Élysée, confirme-t-on côté israélien. On nous a dit : "C'est un casse-tête sécuritaire, il faut que vous compreniez..." En réalité, François Hollande n'a pas la moindre envie de défiler à côté du chef du gouvernement israélien, dont l'image controversée pourrait ternir l'éclat de la journée. Mais il ne pourra pas résister. Alors qu'il est en pleine campagne électorale, « Bibi » vient d'apprendre que deux de ses concurrents, Naftali Bennett, leader de l'extrême droite religieuse et représentant des colons israéliens, et Avigdor Liberman, chef de l'extrême droite nationaliste et laïque, participeraient à la marche de Paris. Hors de question pour lui ne pas être de la partie... L'Élysée, à l'usure, se voit contraint de céder. Pour faire bonne mesure, néanmoins, François Hollande rappellera, à minuit, Mahmoud Abbas, le leader de l'Autorité palestinienne, qu'il avait déjà eu au téléphone le matin même, sans lui proposer de venir. Mais cette fois, la donne a changé : il faut absolument assurer un équilibre avec le dirigeant palestinien. Celui-ci, de bonne grâce, acceptera de se rendre *in extremis* à l'invitation lancée par Paris. Les Israéliens, eux, n'ont jamais été informés de la venue de Mahmoud Abbas, qu'ils découvriront le jour même.

La préparation du 11 janvier est donc un véritable casse-tête diplomatique, organisationnel et sécuritaire. Bernard Cazeneuve résume le problème. « Mettre, en quarante-huit heures, cinquante dirigeants au milieu de millions de personnes dans un contexte de crise terroriste, je ne sais pas si vous imaginez... » Presque une mission impossible. Le ministre s'en ouvre d'ailleurs au président, le lendemain matin, en revenant d'une visite rendue aux policiers du RAID et de la BRI blessés dans l'opération de la porte de Vincennes. « La manifestation de demain fait sauter tous les critères qui ont pu exister : des attentats terroristes, des dizaines de chefs d'État, des millions de gens dans les rues... Tout ceci est très anxiogène pour moi », s'émeut Cazeneuve dans la voiture. Réponse rassurante de Hollande : « Je comprends que tu t'inquiètes. Mais c'est précisément parce que nous sommes la France et que nous sommes dans ce contexte qu'il ne se passera rien. Le pays sera debout. C'est le sens de cette manifestation. » Le ministre de l'Intérieur s'en souvient encore : « Il m'a dit ça avec une certitude totale. Il avait la conviction de la force de son peuple. C'était très juste et très fort. »

François Hollande, incontestablement, est porté par les événements, au-delà de ce qui aurait pu être un jour envisageable. Ce dimanche 11 janvier, il le sait, sera une grande journée. Sa grande journée. Celle qui, peut-être, pourrait tout changer. À midi, il réunit son gouvernement dans la salle des fêtes de l'Élysée, comme pour galvaniser ses ministres. « Un coach sportif avant un match », rapporte un participant. « Nous allons vivre un jour historique. Paris est la capitale du monde », prévient le président, qui exhorte son équipe à s'inspirer du sans-faute des dernières heures : « Pendant quatre jours, le gouvernement a été soudé. Il n'y a eu aucune erreur. Il faut poursuivre. Inspirons-nous de la force de l'action des derniers jours pour avancer. » Après quoi François Hollande file se poster en haut du perron afin d'accueillir ses pairs. Il y passera pas loin de deux heures, sur fond d'un interminable ballet de limousines dans la cour du Palais. C'est là que seront pris certains des clichés les plus fameux de ce 11 janvier. Le geste d'Angela Merkel, arrivée la première, qui pose la tête sur son épaule, en un câlin affectueux. La bise faite à son ancien Premier ministre, Jean-Marc Ayrault. Sa ferme poignée de main avec Benyamin Nethanyahou et celle, appuyée, avec Mahmoud Abbas. Sa station sur le perron aux côtés d'anciens Premiers ministres de droite et, bien sûr, de Nicolas Sarkozy. Autant d'images hautement symboliques qui montrent François Hollande au centre d'une partition diplomatique et politique d'ampleur inégalée.

Ses homologues l'auront au fond peu vu sous les ors de la salle des fêtes, où Angela Merkel circulait de groupe en groupe, en habituée, et où l'Italien Matteo Renzi semblait être la nouvelle coqueluche, au milieu de neuf anciens Premiers ministres français. À part ce slalom remarqué du président entre les dirigeants internationaux pour aller chercher la chancelière et le président ukrainien Porochenko, conduits par le bras dans le salon des aides de camp, au rez-de-chaussée, pour une discussion sur la crise ukrainienne. Mais chacun l'aura regardé, un peu plus tard, conduisant les grands de ce monde et défilant en tête d'une des plus importantes manifestations de l'histoire de France, 1,5 million de personnes, entre la République et la Nation. Pour le détail, c'est même sur la place Léon-Blum et à hauteur du métro Voltaire, théâtre doublement symbolique de l'esprit de liberté, qu'a été prise, peu après 15 h 30, l'image de ce 11 janvier. Celle qui demeurera sans aucun doute comme la plus forte du quinquennat Hollande : le président en marche, à l'épicentre d'un ahurissant cortège diplomatique, impulsant le rythme à quelque cinquante chefs d'État et de gouvernement. Flanqué d'Angela Merkel et du président malien Ibrahim Boubacar Keita, il ne porte pas de manteau malgré le froid et affiche un visage grave. Un peu plus loin, au premier rang, le Luxembourgeois Jean-Claude Juncker, la maire de Paris Anne Hidalgo, le Britannique David Cameron, l'Espagnol Mariano Rajoy, l'Israélien Benyamin Netanyahou, à l'évidence très nerveux, flanqué de trois officiers de sécurité et équipé d'un imposant manteau pare-balles, le Palestinien Mahmoud Abbas, la reine Rania de Jordanie. C'est le président qui a insisté pour qu'ils se tiennent tous par les coudes, comme des militants de gauche, et expliqué à Mme Merkel qu'en France, on manifestait ainsi…

François Hollande impulse le rythme. Le monde autour de lui, et la France derrière... Depuis le deuxième rang, Nicolas Sarkozy réussit une fugace mais belle remontée en tête de cortège, juste le temps de figurer sur la photo. Puis le président arrête la marche pour un bref instant de recueillement. Des riverains applaudissent depuis leurs balcons, il leur retourne le compliment. Encore quelques pas, et les dirigeants internationaux s'égaillent vers leurs cars, puis l'aéroport. Le chef de l'État salue rapidement quelques homologues, puis rejoint les proches des victimes pour une accolade, demeurée célèbre, avec Patrick Pelloux, énième image emblématique de ce dimanche surchargé de symboles. « Quand j'ai pris Pelloux dans mes bras, je voulais qu'il sente que toute la France avait envie de le consoler », confiera après coup Hollande, qui éprouve en retour l'envie de consoler la France. Alors que Manuel Valls remonte le boulevard Voltaire à la rencontre de la manifestation, sous les applaudissements des habitants à leurs fenêtres, dont certains crient « Valls président », François Hollande visite la famille du policier assassiné Ahmed Merabet, à Livry-Gargan, puis assiste à l'hommage religieux aux victimes de l'Hypercacher rendu à la Grande Synagogue de la Victoire. Le soir, il planchera encore fort tard sur le discours qu'il doit prononcer le lendemain à la préfecture de police, lors de la cérémonie d'hommage aux trois fonctionnaires assassinés. Victimes de *Charlie*, juifs, policiers : nulle catégorie de victime n'a été oubliée.

Ce dimanche, François Hollande ne s'est pas exprimé publiquement. En ce dimanche historique de janvier, il n'a pas eu à prononcer la moindre parole. L'abondance des gestes, des images et des symboles a largement suffi. « Aucun mot ne sera aussi fort », avait-il expliqué. Bien vu : entre union diplomatique et politique, leadership national et témoignages d'empathie, cette communication muette a parfaitement fonctionné. Mais si le président n'a pas soufflé mot, il n'en pense pas moins, d'ores et déjà fermement décidé à faire fructifier le capital politique acquis et faire perdurer cet « esprit du 11 janvier », qui sera bientôt invoqué par les responsables de l'exécutif. En somme, « utiliser positivement une énergie, comme la poussée d'une fusée », ajoute l'un de ses conseillers.

Reprรésidentialisé ?

Le retournement de situation politique est spectaculaire, presque incroyable. Les mois précédant ce funeste mois de janvier, le président avait accumulé les plus cruelles déconvenues : départ fracassant d'Arnaud Montebourg du gouvernement, suivi de Benoît Hamon et d'Aurélie Filippetti ; livre assassin de son ancienne compagne Valérie Trierweiler ; démission du secrétaire d'État Thomas Thévenoud pour indélicatesses fiscales ; le tout sur fond de résultats économiques toujours en berne… Enfoncé, quelques jours auparavant dans des abîmes sondagiers, en difficulté telle que certains s'interrogeaient sur sa capacité à tenir jusqu'à la fin de son mandat, donné pour politiquement mort, François Hollande se trouve, au soir de ce dimanche 11 janvier, au cœur et à la tête d'un sommet diplomatique historique, d'un consensus inédit entre droite et gauche et d'une mobilisation populaire rarement constatée. Indéniablement, et incroyablement relancé. Il aura fallu un 11 Septembre français pour réhabiliter François Hollande.

Dans une France sonnée par les attentats, où l'effet d'union nationale va survivre quelques semaines encore et où le réflexe légitimiste fonctionne à plein, la solidification de la position présidentielle s'avère indiscutable. Le principal intéressé le verbalise distinctement : « Je me sens plus fort, plus ferme », confie le président, une semaine plus tard, dans le Falcon qui le ramène de Tulle. « Le pays a changé, le regard qu'il porte sur moi a changé, et moi aussi j'ai changé. » Pour le président et son équipe, cette fois, c'est sûr : c'en est fini du sempiternel procès en déficit de présidentialité et en illégitimité, intenté depuis mai 2012. Un de ses conseillers veut y croire : « Les Français vont définitivement le voir comme leur président. »

Son équipe, qui tâtonnait depuis des mois à la recherche de l'alchimie idoine entre présidentialité et proximité, se voit enfin exaucée. « C'est dans les moments d'épreuve que se révèle un président, commente Bernard Cazeneuve. Il a montré une grande force et une grande autorité, et en même temps une profonde humanité. » Contre toute attente, la méthode et le tempérament de Hollande, jusqu'ici considérés comme modérément adaptés à l'exercice du pouvoir présidentiel, se sont soudainement révélés, à l'épreuve du feu, parfaitement adaptés à l'instant. Farouche adepte du consensus et pratiquant assidu de la synthèse, le président, ces derniers mois, insistait à l'envi sur l'importance de la cohésion nationale. Il dissertait volontiers sur les vertus du « vivre ensemble » et professait un « rassemblement » des Français dont on peinait à discerner la nature exacte, les fondements et les contours. Ce mois de janvier a soudainement rendu ce discours audible et cette stratégie crédible. François Hollande le dit lui-même : « La société apaisée, ça apparaissait comme une formule, commentera-t-il quelques jours plus tard. Au bon moment, cela apparaît comme une nécessité. C'est ce qui s'est produit. »

Jusque-là, il avait pu être considéré comme une erreur de casting présidentiel. Ces trois jours sanglants ont installé François Hollande comme *the right man at the right place*. En sera-t-il durablement reconstruit politiquement ? Après deux ans et demi d'une inéluctable descente aux enfers, ses courbes sondagières connaissent quoi qu'il en soit un rétablissement spectaculaire. « Il s'agit du seul grand événement qui a occasionné un rebond de Hollande dans l'opinion, un rebond historique de plus de 20 points, supérieur aux effets qu'avait produits Chirac en décidant de ne pas participer à la guerre en Irak », diagnostique Brice Teinturier, directeur général délégué d'IPSOS. Selon les données de l'institut, en septembre 2014, il a plongé à 13 points de popularité, son plus bas niveau. En décembre, il remonte à peine, à 18 %. En janvier 2015, il rebondit à 38 %. Bien sûr, ce sursaut ne résistera pas à l'épreuve du temps, mais François Hollande s'est tout de même donné un peu d'air. En juin 2015, six mois après les attentats, sa popularité se maintient tout de même à 26 %.

L'expérience avait montré que le bénéfice politique de l'opération Serval dans l'opinion – en réalité une stabilisation de la chute plutôt qu'un progrès significatif – s'était rapidement effrité, vite dissous dans les vicissitudes de la politique économique et sociale. Il en ira de même avec celui des attentats de Paris, même si cette guerre-là, livrée au cœur de la capitale, a renforcé un peu plus durablement le président. L'essentiel, pourtant, est ailleurs. D'un 11 janvier à l'autre, de 2013 à 2015, du Mali à *Charlie*, de ces jours où François Hollande est devenu président, il demeure un capital indéfectiblement acquis dans l'opinion. « Le procès en présidentialité de François Hollande a quasiment cessé, poursuit Brice Teinturier. Les leaders de droite véhiculaient en permanence l'idée qu'il était arrivé là par accident, illégitime et pas fait pour être président. À partir de cette séquence, on le critique toujours durement, on conteste ses décisions, mais on cesse de dire qu'il n'est pas président. Dans l'opinion, c'est la même chose. » Au-delà du classique réflexe légitimiste, condamné à s'évanouir avec le temps, le chef de l'État a bel et bien reconstitué une partie de son capital politique. Elle s'avère certes réduite. Mais c'est le minimum vital pour survivre…

« Je ne crois pas que ça sauve un mandat », nuance un conseiller ministériel, lucide : « Du 7 au 11 janvier, il a 19 sur 20. Mais une fois que la poussière retombe, tu t'aperçois des plaies béantes de la société : justice, laïcité, école, intégration, protection des plus démunis. D'où une série de questions : comment mieux lutter contre le terrorisme sans empiéter sur les libertés publiques ? Durcir le renseignement sans inquiéter ? Refaire de la laïcité une valeur comprise et acceptée dans toutes les franges de la société ? Mieux contrôler les espaces musulmans en France ? Moi, c'est là que je veux voir Hollande. »

L'exécutif, sur ces questions, a bien esquissé des réponses. Mais essentiellement en termes de communication. Dans les jours et les semaines qui suivront les attentats, le président et ses ministres déploieront nombre d'annonces et de bons sentiments sur la politique de la ville, l'éducation ou encore sur la notion d'« engagement » et l'extension du service civique. La ministre de l'Éducation nationale, Najet Vallaud-Belkacem, est particulièrement mise en avant. Mais ces velléités dureront quelques semaines tout au plus. Si le rapport de force politique lui est désormais nettement moins défavorable, au moins pour un temps, le président n'a pas utilisé celui-ci pour lancer de grands chantiers de politiques publiques, qui auraient été difficilement contestables vu le contexte. Pas tenté de profiter de l'effet de souffle des attentats en suscitant, en réaction, une forme de mobilisation citoyenne. Pas tenté de renverser la table. L'exécutif, incontestablement, a raté l'après-11 janvier. Manuel Valls avoue s'être interrogé : « Est-ce que politiquement, on aurait pu faire quelque chose qui tienne compte du danger terroriste et de l'état de l'opinion ? Je me suis dit qu'il fallait faire quelque chose, le président aussi. En théorie, on peut toujours se dire cela. Mais quoi ? Nous n'allions pas organiser des législatives anticipées ou ouvrir le gouvernement... Toute initiative à caractère politique risquait de prêter le flanc à une attaque politicienne. En réalité, nous ne pouvions pas faire autrement. »

C'est que l'essentiel est ailleurs, bien loin de « l'esprit du 11 janvier » que brandiront, pour quelques mois encore, François Hollande et Manuel Valls. Un conseiller résume : « L'esprit du 11 janvier, je ne sais pas ce que c'est. Mais l'esprit du 7 janvier, je sais : ce n'est pas la paix, le recueillement. C'est le rejet, la colère et la haine. » Et dès les premières heures de l'après-11 janvier, c'est essentiellement sur le terrain de l'antiterrorisme, sous toutes ses facettes, que va se situer la réplique de l'exécutif. François Hollande n'ignore pas que le risque reste plus élevé que jamais, qu'un nouvel attentat pourrait cette fois se révéler dévastateur pour lui, que l'extrême droite est à l'affût et que la droite ne manquera pas d'ouvrir au plus vite le débat sécuritaire. « Il faut absolument agir, glissait alors un de ses conseillers. Les Français ne comprendraient pas qu'il n'y ait pas de nouveaux dispositifs et de nouveaux moyens. Mais il ne faut pas se précipiter. Le *Patriot Act* a mené à la guerre en Irak et au fiasco que l'on connaît. » Rétrospectivement, et alors que la France, neuf mois plus tard, vient de frapper un centre de l'État islamique en Syrie, le parallèle avec les États-Unis de l'après-11 Septembre pourrait presque prêter à sourire. Le président et son exécutif avaient déjà, dans la première moitié du quinquennat, durablement investi le terrain sécuritaro-militaire. Les attentats de janvier, et leurs répliques, vont l'inciter à s'y spécialiser.

CHAPITRE 7

François Homeland

La scène est plutôt surprenante. François Hollande, flanqué de quatre solides gaillards en polo, célébrant en grande pompe élyséenne les « héros » du Thalys tout juste décorés de la Légion d'honneur, et magnifiant à travers eux les vertus salvatrices du combat du « bien » contre le « mal »... Trois jours plus tôt, le 21 août 2015, les trois jeunes Américains, Anthony Sadler, Alek Skarlatos et Spencer Stone, aidés par le Britannique Chris Norman, ont maîtrisé Ayoub el-Khazzani, islamiste radical marocain de 26 ans : équipé d'une kalachnikov, de neuf chargeurs, d'un pistolet automatique Luger et d'un cutter, l'homme venait d'ouvrir le feu dans le Thalys n° 9364 entre Amsterdam et Paris. Le carnage a été évité de justesse. Un miracle sécuritaire et une superbe histoire à raconter pour le chef de l'État, qui n'allait pas passer à côté de si fameux acte de bravoure. Hollande parmi les « héros », l'occasion était trop belle...

L'image, celle d'un président encadré par ces quatre gaillards en tenue *casual*, qui lui prennent vingt centimètres, peut prêter à sourire. Mais c'est surtout le son qui claque et qui frappe, aussi vivement qu'un discours de George W. Bush dans l'après-11 Septembre : « Votre héroïsme doit être pour nous une source d'inspiration. Face au mal qui est là, qui s'appelle le terrorisme, il y a le bien, celui de l'humanité. C'est celui que vous incarnez », lance posément François Hollande. « Vous avez mis votre vie en jeu pour la défense de la liberté. » Le « bien », le « mal », l'« héroïsme » et la « défense de la liberté » : la présidence Hollande a décidément bien changé. Celui qui, ayant raté les deux premiers tiers du quinquennat et ses précédents épisodes guerriers, et atterrirait aujourd'hui en France n'en croirait sans doute pas ses yeux ni ses oreilles. Inhabituelle dans la bouche d'un responsable français, d'autant plus qu'il est socialiste, cette figure de style à l'américaine fait évidemment écho à la rhétorique de « l'axe du mal » désigné en 2002 par l'ancien président américain, qui pointait alors la Corée du Nord, l'Irak et l'Iran.

Ses conseillers confieront plus tard que François Hollande ne l'avait pas particulièrement préparée, et que la formule n'était pas destinée à être reconduite. Manière de concéder qu'elle n'était pas particulièrement heureuse. Il n'empêche : ce cri du cœur en dit long sur l'état d'esprit présidentiel en matière de lutte contre le terrorisme. Pour autant, le maniement du « bien » et du « mal » ne constitue pas un tournant dans l'expression du chef de l'État. Bien au contraire, ce n'est qu'une image symbolique de plus dans la représentation guerrière que François Hollande entend conférer à son quinquennat. Une étape supplémentaire, verbale celle-là, dans la mue sécuritaire du pouvoir hollandais, qui n'en finit plus de glisser. Dans les priorités affichées, les mots employés, les moyens déployés. Le centre de gravité politique de son mandat s'est spectaculairement déplacé. Il ne l'ignore pas : c'est avant tout à l'aune de ses performances économiques et sociales que sera d'abord évalué son bilan. Mais il place désormais, alors qu'il aborde le dernier tiers de son mandat, la « protection » des Français en tête de gondole de son offre politique, et présente de plus en plus volontiers son profil sécuritaro-militaire. Les attentats de janvier et leur conclusion, on l'a vu, avaient permis à la communication de l'Élysée de construire une efficace chanson de geste, brossant le président en Jack Bauer pilotant minute par minute la riposte aux terroristes. Au fil des mois, le chef des armées, emporté par l'élan, ambitionnerait-il d'endosser le costume de François « Homeland » ?

Le djihad français dans le radar

C'est une note que le président reçoit chaque semaine sur son bureau, en général le vendredi. Rédigée par la Direction générale de la sécurité intérieure (DGSI), elle est d'abord adressée aux directeurs des cabinets de l'Élysée, de Matignon, de l'Intérieur et de la Défense. L'équipe de François Hollande lui en transmet ensuite un résumé détaillé, lequel leur revient quelques heures plus tard, en général modérément annoté. Si des remarques y figurent, elles sont le plus souvent laconiques : « Faire attention », « Surveiller » ou, « Intéressant ». Voire, quand est évoquée une menace sur un individu : « Bien s'assurer de sa sécurité. » Mais ce détachement apparent ne doit pas tromper : François Hollande suit de très près l'activité de ses services de renseignement, connaît souvent leurs analyses dans le moindre détail. Un de ses interlocuteurs sur le sujet en témoigne : « Je suis très frappé du fait qu'il évoque souvent des renseignements précis ou des alertes. C'est un des éléments de cristallisation de sa décision. »

Chaque semaine, le président consulte donc avec intérêt l'inquiétant tableau brossé par la DGSI sur les départs de Français en Syrie. Il peut y lire la liste exhaustive des noms de ressortissants français présumés décédés dans le pays, laquelle s'allonge inexorablement, jusqu'à atteindre 132 en septembre 2015. Il y suit la progression exponentielle du nombre d'individus formellement identifiés : 1 738, pour leur implication dans le djihad syrien, en hausse de 48 % depuis le début de 2015. Il sait parfaitement que, le même mois, étaient recensés dans le pays 488 Français (ou résidents habituels), dont 164 femmes et 12 mineurs combattants. Que parmi ces femmes, on compte 30 % de converties, une proportion bien plus importante que chez les hommes, et que, pour la première fois, une djihadiste française est morte en Syrie, en juillet 2015, des suites d'une grave maladie. Que de plus en plus de mineurs, 87 aujourd'hui, sont impliqués dans ces filières. Que 230 en sont revenus après un séjour sur place, que 374 individus identifiés sont en chemin pour s'y rendre ou en revenir, et que 644 ont manifesté des velléités de départ de manière suffisamment insistante pour faire l'objet d'interdictions de sortie du territoire.

Tous les vendredis, le président prend connaissance des inquiétantes synthèses préparées par les hommes du renseignement, selon lesquelles les tentatives de départs en Syrie concernent aujourd'hui de plus en plus de mineurs (21 %), de femmes (30 %), de familles, de convertis (37 %). Grâce aux notes du renseignement intérieur, il a suivi la naissance et la croissance de cette « nouvelle génération de djihadistes », dont « le noyau dur était inconnu des services spécialisés avant leur signalement ». Il connaît les dernières tendances des djihadistes français, amenés à « commettre des exactions contre la population civile, les minorités religieuses et les prisonniers », et « l'engagement croissant de femmes dans des opérations à caractère criminel ». Il a parfaitement pris la mesure du risque que constitue cette violence sans limites, perpétrée par des auteurs « désinhibés par cette expérience extrême, formés pour certains au maniement des armes ». Il sait que 11 individus sont partis de France et se sont fait exploser sur le théâtre syrien dans des opérations suicides, et que 228 sont revenus sur le territoire national. « On dit que le ministre de l'Intérieur est l'homme le mieux informé de France, mais le président ne l'est guère moins », glisse l'un de ses collaborateurs. Outre les notes des services, il peut également s'adonner, tous les soirs, à la lecture du digest quotidien que lui a préparé son directeur de cabinet, Thierry Lataste, sur les enquêtes judiciaires antiterroristes en cours, dossiers d'importance ou affaires qu'il suit de près. Un peu plus de trois ans après son élection, le suivi du « djihad français » est devenu un exercice presque routinier pour François Hollande.

Après le séisme des attentats de janvier 2015, cette inscription durable du terrorisme islamiste à l'agenda présidentiel n'étonne guère. Mais, en réalité, le djihadisme dans sa version État islamique a très vite fait irruption dans le viseur de l'exécutif socialiste. Dans les premiers mois du quinquennat, certes, personne n'avait rien vu. « À l'époque, Daech n'était pas du tout sur notre radar, concède un diplomate. Au quai d'Orsay, on n'en avait jamais entendu parler. » Un haut responsable de la Défense le confirme : « La vérité, c'est que nous n'avons rien vu venir. Ni les services, ni les diplomates, ni les grands observateurs. Et un jour, on a découvert qu'ils avaient plus de chars que l'armée française. » Le président, lui-même, n'avait absolument pas perçu ce dossier comme prioritaire. « Je ne me souviens pas avoir rédigé pour le président de note sur le terrorisme en 2012 », rapporte un haut responsable du renseignement.

Le terrain de la réplique, pourtant, avait été d'emblée idéologiquement et politiquement préparé. Comme souvent à gauche en matière de sécurité, c'est Manuel Valls, alors ministre de l'Intérieur, qui s'en était chargé. À sa manière : musclée. À l'époque, l'État islamique n'exerce pas encore le pouvoir d'attraction qu'il possède aujourd'hui. Mais le pays reste encore secoué par les tueries perpétrées en mars 2012, en pleine campagne présidentielle, par Mohamed Merah sur des militaires à Montauban et des écoliers juifs à Toulouse. Puis, très vite, une première affaire sérieuse a éclaté : le démantèlement, en octobre 2012, du groupe dit « de Cannes-Torcy ». La plupart de ses membres sont des convertis qui ont une connaissance médiocre de l'islam. Certains se préparaient à gagner la Syrie. L'un d'eux, Jérémy Louis-Sidney, est tué par la police lors de son interpellation. Le groupe a été démantelé après une tentative d'attentat dans une supérette casher à Sarcelles. « Si la grenade avait été bien dégoupillée, si elle avait été bien lancée, cela aurait été un carnage », avait expliqué l'un des responsables de l'enquête à Manuel Valls, qui s'était rendu sur les lieux. Une première alerte pour l'ancien ministre de l'Intérieur : « Là on s'aperçoit qu'il y a des convertis, des gens d'origine africaine ou maghrébine, et surtout une filière de départ, avec des types qui sont déjà partis et d'autres qui commencent à partir. Nous avons compris que nous étions face à une nébuleuse, et c'est ce qui m'amènera à être très explicite. »

Le nouveau ministre de l'Intérieur a étudié le dossier Merah. Il sait combien il est explosif sur le plan politique. Il a aussi exploré les « failles » techniques du renseignement. Et surtout, dûment briefé par les services, alerté par l'affaire de Sarcelles, il prend le parti de faire du risque djihadiste intérieur un thème politique, inscrit à l'agenda gouvernemental. Il est donc le premier à dégainer sur ce terrain, en octobre 2012, au Sénat, en préambule de la discussion sur son projet de loi antiterroriste, le premier du quinquennat.

Délibérément alarmiste, Manuel Valls pointe la « menace diffuse » des « ennemis de l'intérieur », qui nécessite « un travail de surveillance constant et approfondi ». Le concept sera répété à l'envi et théorisé. Le profil de ce nouvel « ennemi » : un jeune homme converti ou de culture musulmane, en général passé par la petite délinquance et radicalisé sur Internet.

Tenu quelques mois plus tôt par Nicolas Sarkozy ou Claude Guéant, le propos aurait suscité un tollé. Il n'en sera rien cette fois-ci. Comme si, avant même les attentats de 2015, la gauche, déjà progressivement convertie à la sécurité depuis les années Jospin, le traumatisme électoral du 21 avril 2002 et les attaques alors portées contre son « laxisme » supposé, était déjà prête à aller beaucoup plus loin. « Pourquoi tenir un discours fort sur le terrorisme ? Parce que c'est quelque chose qui, mécaniquement, marquera si quelque chose se produit », expliquait à l'époque son chef de cabinet, Sébastien Gros, dans *Valls, à l'intérieur*[1]. Bien vu. Trois ans plus tard, les positions de Manuel Valls, tout comme l'affaire de Sarcelles, apparaissent rétrospectivement comme le premier chapitre du saisissant glissement du quinquennat. À y regarder de plus près, celui-ci était en germe dès l'origine. Et François Hollande, comme Manuel Valls, n'ont pas eu à se faire violence pour conférer, face à la pression des événements, un tour toujours plus sécuritaire à la façon dont ils exercent le pouvoir.

C'est à la fin de 2013 que les premières vagues de départs, massives, vers le djihad syrien et leur « accélération exponentielle » font leur apparition sur le radar de l'exécutif. « Là, nous découvrons ces filières, raconte un haut responsable du renseignement. Et le phénomène nous explose à la figure. C'est là que nous commençons à tenir la sinistre comptabilité des Français tués en Syrie. »

Les premiers diagnostics de la DGSI sont alarmants, qui dépeignent la naissance d'un phénomène absolument inédit : un djihadisme mondialisé, qui allie actes de

1. Laurent Borredon, David Revault d'Allonnes, Robert Laffont, 2014.

barbarie, communication hollywoodienne et stratégie de recrutement numérique ; un terrorisme moderne, qui communique par le biais de comptes éphémères créés sur Facebook, pour quelques minutes seulement, ou de sites de poker en ligne. Et une capacité à attirer, dans le monde entier, et en particulier en France, des individus rapidement radicalisés et désireux de combattre.

Le phénomène, qui s'intensifie au début de 2014, doublera cette année-là. En 2015, la police recense donc 1 700 personnes en lien direct avec les filières syriennes, « ce qui représente à peu près la moitié du chiffre réel », selon un responsable. Les services surveillent par ailleurs à peu près autant d'individus suspects de dérive djihadiste, non liés au djihad syrien. Et s'intéressent à environ un millier d'autres au « profil préoccupant », repérés par leurs connexions internet, lesquelles « témoignent d'une radicalisation extrême, mais qui reste virtuelle », d'après un ponte du renseignement. En quelques mois, des centaines d'« autoradicalisés » ont surgi sous le regard interloqué des pouvoirs publics.

La France est-elle armée pour réagir ? « Des années 1960 aux années 2000, nous faisions face à des phénomènes auxquels les services étaient préparés, avec des moyens classiques de surveillance sur des réseaux structurés par des organisations terroristes ou des États », résume un conseiller du président. Mais face à cette explosion soudaine, l'exécutif semble démuni. « On n'a pas vu monter Daech, on ne l'a pas vu se constituer, on n'a pas anticipé sa capacité de déploiement, et aujourd'hui encore on ne comprend toujours pas comment il fonctionne, déplore un haut responsable de la Défense. Ces gars sont capables de mener des offensives sur des territoires immenses, de résister à des bombardements extrêmement lourds avec une capacité de résistance incroyable. Mais, en réalité, on a déjà dépassé ce stade. Aujourd'hui, c'est un État qui régente un territoire, un État doté d'un budget et qui met en place des services publics. » Et pour qui la France s'est vite révélée une zone de recrutement de choix.

Paranoïa d'État?

Quand, en avril 2014, Bernard Cazeneuve arrive au ministère de l'Intérieur, à l'occasion du remaniement qui a suivi le désastre des élections municipales et vu Manuel Valls s'emparer de Matignon, c'est ce dernier qui l'accueille place Beauvau. Et qui pose lui-même le dossier en haut de la pile: « Il y a un sujet majeur, c'est celui de l'engagement d'un nombre de plus en plus important de nos ressortissants dans le djihad syrien, explique Valls à son successeur. Il n'est pas encore apparu dans l'opinion publique de façon massive, mais il faut aller très vite. Il faudra présenter en conseil des ministres, dans les semaines qui viennent, un dispositif global avec dispositions législatives, et mobiliser l'administration sur ces questions. » Le ton est donné. Même tonalité quand les nouveaux conseillers du ministre font le tour des services, pour une première visite de courtoisie: « Quand on a demandé aux uns et aux autres ce qui risquait de nous tomber dessus, tout le monde nous a répondu: "Il y aura un attentat terroriste. Il sera pour vous..." »

Le djihadisme devient un enjeu de politique publique.

Un dispositif de lutte contre ses filières avait déjà été préparé, et presque achevé, par l'équipe Manuel Valls. Dès la première réunion de son nouveau cabinet, Bernard Cazeneuve manifeste son impatience : « À quelle date pourrions-nous présenter le plan antiterroriste ? » Fin mai, répondent ses conseillers. Mais pour Cazeneuve, c'est bien trop long : « Je veux qu'on le présente beaucoup plus vite. C'est possible mercredi prochain ? »

Trois semaines après son arrivée, le nouveau patron de Beauvau dégaine ainsi, au conseil des ministres du 23 avril, un plan de lutte contre le djihadisme en 24 points. En réalité, il en compte 40, mais 16 d'entre eux ont été classifiés « confidentiel défense ». Au cœur du dispositif, des mesures qui constitueront le socle du futur projet de loi de « lutte contre le terrorisme » du 13 novembre 2014, profilé pour faire face aux nouveaux contours du phénomène : recrutement par Internet, départs soudains vers la Syrie, notamment de mineurs, autoradicalisation. Y figurent notamment le blocage administratif des sites web ; la création d'un nouveau délit d'entreprise terroriste individuelle, qui permet des interpellations à titre préventif, et non plus seulement sur un début d'exécution de l'acte ; ou encore la possibilité pour l'autorité administrative d'interdire à un ressortissant français de quitter le territoire national. Une disposition essentiellement destinée à empêcher le départ de mineurs pour le djihad. « Nous avions découvert avec effarement qu'un mineur pouvait tranquillement partir en Syrie depuis qu'en 2010 une loi avait supprimé le régime d'autorisation de sortie du territoire », commente un conseiller de François Hollande. Certains crieront, déjà, à l'atteinte aux libertés individuelles et à l'État de droit. Mais le gouvernement ne s'en émeut guère. « Nous avions une conscience très forte de l'urgence, et la conviction que le combat contre le terrorisme est une lutte contre la montre », rappelle Bernard Cazeneuve. Et le président lui-même ne semble pas s'embarrasser de telles préventions. « Le président, à ce moment-là, a tout de suite une nette conscience de l'enjeu. Entre lui, le Premier ministre et moi, il y a une osmose », poursuit le ministre de l'Intérieur.

Dans le même temps, est installée la « plateforme de signalement circulaire », qui mobilise l'ensemble des administrations autour de la détection des « signes faibles ».

Moins d'un mois après l'arrivée de Cazeneuve à Beauvau, un numéro vert est mis en place pour recueillir les signalements des familles et des entourages concernant tels changements de comportements ou tels basculements. Il sera annoncé par le ministre en personne à la télévision. Outil de recueil de renseignement, le dispositif se révèle également un instrument de mesure sismique des secousses qui parcourent la société française, mais aussi de la puissance de la propagande djihadiste.

Pour son premier mois plein de fonctionnement, en mai 2014, la plateforme reçoit 112 appels, puis de moins en moins jusqu'à l'été. Le mois suivant, la décapitation par l'État islamique, dans le désert syrien, du journaliste James Foley, premier rebond : 111 signalements en septembre 2014, puis 166 le mois suivant. Après les attentats de janvier 2015, le compteur explose jusqu'à 302 signalements en février et 316 en mars, puis redescend. Nouvelle accélération en juillet avec 260 cas, après l'attentat commis dans l'usine de Saint-Quentin-Fallavier, dans l'Isère, dont le patron a été décapité, puis 327 en août 2015. Les appels viennent de partout. D'abord de Seine-Saint-Denis, de Paris et de la petite couronne. Puis, dans l'ordre, des Alpes-Maritimes, du Rhône, de Haute-Garonne, de Seine-et-Marne, des Yvelines, du Val-d'Oise et du Nord. Mais nul recoin de France n'est épargné, pas même l'Ardèche ni la Lozère. Sombre tableau, qui confirme les analyses des services de renseignement. À la fin du mois de septembre 2015, près de 7000 cas sont désormais dans le collimateur des services de renseignement, informés soit par le biais de la plateforme téléphonique, soit par les différentes administrations. La paranoïa gagnerait-elle les sommets de l'État ?

« On ressent une urgence, confirme-t-on place Beauvau. Notre priorité, compte tenu de la hauteur de la vague, c'est de contenir les départs. » Les mesures se veulent d'autant plus réactives et fermes que le risque, pour le territoire national, est évalué à la hausse. « Progressivement, toutes les sources, toutes les notes convergent, raconte un conseiller du président. Des appels à frapper les intérêts occidentaux, puis à frapper la France, puis des appels en français. » Vivier de recrutement privilégié, la France est aussi devenue une cible de choix. Les raisons en sont nombreuses, énumérées par un responsable du renseignement : « La France est le pays le plus engagé dans la lutte contre le terrorisme et le seul qui envoie des troupes au sol. L'opération Barkhane, c'est 3600 hommes qui vont au contact et neutralisent des cibles terroristes. Nous sommes, de plus, fortement engagés dans la coalition aérienne contre Daesh en Irak, et nous avons des relations excellentes avec les États du Golfe, considérés par les djihadistes comme impurs et impies. Toute la politique étrangère de la France est perçue comme agressive par les réseaux radicaux sunnites. Et en plus d'être à leurs yeux un pays ennemi de l'islam, nous autorisons des représentations du prophète… Après les attentats de Paris, tous les communiqués d'Al-Qaïda, d'Al-Mourabitoune, de Boko Haram et des Shebab somaliens se sont réjouis et ont appelé à continuer. Pour tous ces groupes, la coupe était pleine. »

La posture résolument sécuritaire de l'exécutif va évidemment prendre une tout autre dimension après le « janvier noir ». La mesure la plus spectaculaire, c'est le déploiement des forces armées sur le territoire national, décidé par François Hollande dès le lendemain de la grande marche de Paris. Appliqué depuis vingt ans sans interruption, ou presque, le plan Vigipirate, qui n'a aucune fonction opérationnelle et ne vise qu'à rassurer la population par la présence d'uniformes, ne saurait suffire à calmer les esprits. Le duo Hollande-Le Drian va donc sortir les grands moyens : après Serval et Barkhane au Sahel, Chammal en Irak, voici l'opération Sentinelle et ses 10 500 militaires répartis sur tout le territoire. Ils y protégeront quelque 700 sites sensibles, au premier rang desquels les synagogues et les écoles juives. La guerre asymétrique livrée jusque-là dans le Sahel s'étant invitée à Paris, le gouvernement réplique sur le même terrain.

C'est la première fois depuis la guerre d'Algérie que l'armée de terre patrouille en métropole dans de telles proportions. « Hollande et Valls ont pris une décision politique majeure, qui a été au fond peu évoquée : l'implication des forces armées dans la protection des Français sur le territoire national, rappelle une source à la Défense. C'est à la fois une décision assumée et un tournant. » Laquelle n'est pas sans poser de sérieuses questions. « L'implication croissante des militaires dans les années qui viennent nous pose un problème de doctrine, poursuit ce responsable. Qui le militaire peut-il arrêter lors d'une manif ? Est-il officier de police judiciaire, ou pas ? Quelles sont les règles d'ouverture du feu ? Il nous revient d'inventer cette doctrine d'emploi des armées sur le territoire national, d'autant que le sujet nous engage pour un moment. »

De fait, lancée en janvier, l'opération Sentinelle sera reconduite en avril, légèrement revue à la baisse, avec 7 000 militaires. Pas question de dégarnir une ligne de front qui s'est désormais installée au cœur du pays. Et la Défense ne prévoit d'ailleurs « aucun allégement avant la présidentielle » de 2017…

Pour l'armée française, l'effort est intense : outre Sentinelle, elle compte à cet instant 12 000 hommes engagés dans les opérations extérieures (3 500 sur Barkhane et autant sur Chammal, sans compter Sangaris en Centrafrique, ou encore au Liban et dans le golfe de Guinée)… La fatigue et l'usure des troupes posent d'immenses problèmes de ressources humaines. Mais la demande politique est de plus en plus forte. Un conseiller du président en convient : « Il était très difficile d'expliquer, une semaine après les attentats, que c'était fini et qu'on passait à autre chose. Quel homme politique peut prendre le risque d'assurer que le danger est derrière nous et qu'on peut baisser la garde ? »

Le gouvernement va d'ailleurs effectuer un spectaculaire virage sur l'aile en matière de financement des opérations. Sur fond de sérieuse crise des finances publiques, François Hollande décide de revenir sur les coupes drastiques initialement prévues dans le budget des armées. Et assure que celui-ci s'élèvera à 31,4 milliards d'euros. La menace d'une attaque terroriste aura eu raison du plan social d'envergure qui était prévu et justifie le sauvetage de 18 500 emplois à la Défense, sur les 24 000 qui devaient être supprimés dans le cadre de la loi de programmation militaire 2014-2019. Entre Bercy et l'Hôtel de Brienne, il avait été question d'un féroce bras de fer. En réalité, cette fois-ci, il n'aura pas eu lieu : le match était plié avant même le coup d'envoi, preuve du poids toujours croissant de Jean-Yves Le Drian dans le gouvernement. « La discussion avec la Défense, décrite comme homérique, ne l'a pas été, confirme le ministre des Finances, Michel Sapin. Le terrorisme a abouti à cet arbitrage incontestable. Et le basculement, c'est que l'armée est engagée sur le territoire national pour participer à sa sécurisation. » Un proche de Le Drian confirme : « Il n'y a pas eu de combat politique. Il était gagné d'avance. » Le candidat Hollande promettait de donner la priorité aux enseignants, avec 60 00 recrutements pendant son quinquennat. Sous son quinquennat, ce sont finalement les soldats qui auront été privilégiés.

Sur écoute

Un *Patriot Act* à la française ? « On n'en est pas loin », estime un ancien collaborateur du président, pour qui le danger terroriste justifie cependant de bousculer les repères traditionnels : « Nous ne sommes pas dans les conditions internationales du droit de la guerre, mais face à des gens qui nous haïssent, haïssent nos valeurs et veulent nous faire rendre gorge. » La comparaison est évidemment excessive : la loi sur le renseignement, présentée en mars 2015 en conseil des ministres, ne saurait être située au même niveau que la législation antiterroriste d'exception adoptée en 2001 par le gouvernement américain un mois et demi après le 11 Septembre. Formalisation juridique de la *War on Terror* alors décrétée par George W. Bush, celle-ci, entre autres, avait créé le statut de « combattant ennemi » ou « illégal », susceptible d'être détenu sans inculpation, et permis l'accès des services de renseignement aux données numériques des particuliers sans autorisation préalable.

La « loi renseignement » française ne pousse pas jusque-là le renforcement des prérogatives des services. Dans l'esprit, cependant, elle va considérablement doper leurs moyens et élargir leurs possibilités d'action. Voilà qui, là encore, en dit long sur l'évolution sécuritaire des socialistes au pouvoir. En même temps qu'elle pérennise et institutionnalise un recours permanent aux militaires, la gauche va en effet donner aux services de renseignement les coudées franches. Un conseiller ministériel ironise : « Le président socialiste embauche des flics, puis sanctuarise le budget des armées et enfin lâche la bride aux services... » Pour le député du Finistère Jean-Jacques Urvoas, il assisterait presque à une révolution culturelle : « Il y avait dans notre pays une absence de culture de renseignement, qui était considéré comme pas noble. Quand on en parle, c'est toujours de la basse politique, les micros du *Canard*, l'assassinat de Ben Barka ou le *Rainbow Warrior*. Il ne s'agissait pas d'activités dont un pouvoir pouvait affirmer : "Oui, je les ai commandées." Mais pendant ce quinquennat, ces questions ont beaucoup progressé. » Délicat euphémisme...

Proche de Manuel Valls, spécialiste des questions de renseignement, le président socialiste de la commission des lois de l'Assemblée, Jean-Jacques Urvoas, porte, depuis 2013, ce texte qui vise à réglementer, mais surtout à faciliter l'activité des services secrets. Ceux-ci se voient ainsi assigner de nouvelles missions, comme la « prévention des violences collectives ». Les possibilités d'écoute sont, notamment, élargies aux personnes sans « lien direct et personnel » avec l'infraction. La collecte « en temps réel sur les réseaux sociaux », qui pour beaucoup s'apparente à une surveillance de masse, est également autorisée, de même que l'installation d'« IMSI catcher », des « dispositifs de proximité » permettant de recueillir les identifiants téléphoniques des personnes se trouvant dans la zone. Les données seront par ailleurs conservées plus longtemps, et quand bien même une nouvelle Commission nationale de contrôle des techniques du renseignement (CNCTR) est instituée, le contrôle systématique *a priori* est affaibli : Matignon peut en effet désormais, en cas d'urgence, autoriser la géolocalisation ou la pose d'un « dispositif de proximité», sans avis préalable. Jamais les services français n'ont disposé d'une telle latitude d'action.

«C'est vraiment indispensable ce texte?» François Hollande, initialement, n'était pas particulièrement demandeur. Il a parfaitement anticipé le débat qui ne manquerait pas de s'installer sur l'atteinte aux droits individuels lors de l'introduction du projet de loi au Parlement, et a demandé «une architecture juridique», notamment sur la question de l'autorité de contrôle. Mais plusieurs réunions dans son bureau, en présence de Jean-Jacques Urvoas, le général Puga et Alain Zabulon, l'ancien coordinateur national du renseignement, ainsi que maintes discussions avec les ministres concernés, vont vite le convaincre de l'impérieuse nécessité du dispositif. Un conseiller s'en souvient: «Dans les réunions de préparation de la loi, il n'y avait pas une épaule qui dépassait entre Hollande, Valls, Cazeneuve et Le Drian. Tous les quatre étaient branchés sur la même fréquence. En substance: "On reste précautionneux avec les libertés publiques, mais on avance, on durcit et on referme tous les interstices dans lesquels peuvent s'infiltrer les terroristes."»

Signe des temps: quand l'examen du texte commence, le 13 avril, à l'Assemblée nationale, seule une petite trentaine de députés sont présents pour écouter Manuel Valls, qui le présente en personne et salue une «petite révolution». Vante un «texte protecteur pour nos libertés». Et assure qu'il ne contient «aucune mesure d'exception». Jean-Jacques Urvoas, avec l'accord du président, a tenu à rencontrer tous les leaders de l'opposition pour les briefer sur le texte. Il suscitera un large consensus à droite, laquelle, comme un seul homme ou presque, le soutiendra. Frédéric Péchenard, l'ancien patron de la police française, aujourd'hui directeur de cabinet de Nicolas Sarkozy aux Républicains, s'en félicite alors : « C'est un bon texte, avec une cohérence générale. Des gens nous ont déclaré la guerre, il faut nous défendre. Faut-il pour cela un fusil armé ou un fusil désarmé ? Avant ce texte, nous avions de très bons services de renseignement, mais qui n'avaient aucune capacité d'action. » À gauche non plus, le projet de loi, pourtant fortement urticant dans son principe, ne suscite pas le moindre débat. Ou si peu. Seuls les éternels frondeurs, Pouria Amirshahi et Christian Paul, ainsi que l'écologiste Sergio Coronado, émettront des réserves. Mais trois mois après les attentats, s'opposer au texte s'apparente à une mission politique impossible. Présenté en procédure parlementaire accélérée pour aller vite après les attentats de janvier, « le projet de loi est passé comme une lettre à la poste », commentera plus tard un proche de Bernard Cazeneuve. Vu le contexte, « ce n'était pas une surprise », dit Jean-Jacques Urvoas.

En l'absence de véritable réaction politique, les critiques les plus virulentes de cette « surveillance de masse » émaneront de la société civile. Et en particulier d'organisations qui ont, d'ordinaire, l'oreille de la gauche : la CNIL, Amnesty International, le Syndicat de la magistrature, la Ligue des droits de l'homme, le Syndicat national des journalistes, le site d'information Mediapart... Certaines grandes voix, comme celle du célèbre juge antiterroriste Marc Trévidic, n'ont pas de mots assez durs pour fustiger le texte : « Il y a une absence de contrôle total dans cette loi, on est très en dessous de ce qu'il faudrait », explique le magistrat, qui décrit ainsi le risque : « L'État peut être tenté de surveiller à un moment donné ses opposants, des mouvements sociaux, des mouvements de contestation, faire du renseignement politique. » Peine perdue. Le débat se déroule dans une « apathie générale », déplorera Pierre Tartakowsky, président de la Ligue des droits de l'homme. Et le texte adopté en juillet 2015 confortera, dans un silence presque total, la latitude laissée aux services. Un haut responsable du renseignement en atteste : « Cette loi n'a pas été imposée par le pouvoir politique à des services qui se satisfaisaient du vide juridique dans lequel ils exerçaient : c'est le contraire. »

Quant aux questions soulevées par les défenseurs des libertés, un responsable de la place Beauvau les balaie, un brin agacé : « Il ne faut pas se tromper. Il y a débat sur la liberté, mais laquelle : la liberté d'assassiner *Charlie Hebdo* ? De décapiter ? De montrer des décapitations ? » Le discours de l'exécutif s'est d'autant plus durci que les évolutions de l'opinion jouent en sa faveur : alors que s'engageait l'examen du texte au Parlement, 63 % des Français, selon un sondage CSA, se disaient « favorables à une limitation de leurs libertés individuelles au nom de la lutte contre le terrorisme ». En d'autres temps, un tel dispositif eût sans doute fait scandale. Sur fond de djihad syrien et d'attentats en France, il semble parfaitement naturel.

Le seuil de tolérance a été abaissé très au-delà de toutes les revendications et espérances des responsables des services secrets. « L'opinion publique est incroyablement prête à renoncer à une partie de sa liberté et à beaucoup de droits fondamentaux pour assurer sa sécurité, analyse Brice Teinturier, de l'institut IPSOS. Sur la loi renseignement, les Français avalent tout. Ils sont prêts à accepter qu'on les écoute personnellement, y compris s'il n'y a pas de faisceau de présomptions qui permette de le justifier. Face à des menaces insidieuses et l'idée terrifiante de la contagion, le trouillomètre est au zénith, ce qui justifie des mesures fortes. Il y a désormais dans l'opinion la conscience aiguë d'une menace qui peut frapper à tout moment. » Même un ministre en convient : « Quand vous êtes en situation de crise, vous pouvez voter tous les dispositifs que vous voulez, personne ne bronchera de peur d'être taxé d'irresponsabilité. Ça montre l'état de la société française, complètement tétanisée. »

Une « tétanie » qui est aussi une opportunité politique que le gouvernement a parfaitement saisie. « On sent désormais une menace diffuse dans le corps social : on a peut-être croisé le tueur du prochain attentat dans le métro », résume un responsable du renseignement. Les assassins seraient parmi nous, en somme. Voilà qui autorise aujourd'hui ce qui était encore impensable hier. « J'ai un regret : qu'à force d'autorisations et d'avis préalables, les services ne puissent plus travailler, poursuit cette source. Et le jour où l'on aura un attentat ? On ne peut entraver l'action des services au nom de la protection des libertés. » Tout est dit. Entre liberté et sécurité, François Hollande avait déjà tranché. Mais il devient, à ce stade, difficile de prévoir où il va s'arrêter.

Sombre quinquennat que celui de Hollande : aucun président, avant lui, n'a été à ce point confronté à un tel niveau de menace. Et aucun gouvernement n'avait eu à gérer politiquement cette situation. « On est devant un phénomène qui est né avant mon arrivée et qui vivra sans doute après ce quinquennat, confie-t-il. Il ne s'agit pas d'une crise paroxystique avec laquelle on en aurait terminé depuis qu'on a éliminé des groupes. Non, ce n'est pas fini. Il faudra vivre des années avec cette menace, ce danger, ces attentats. » Le pays doit peu à peu apprendre la peur, à l'image du chef de l'État. « Je ne suis jamais tranquille ni apaisé », dit le président, qui assure pourtant ne pas jouer avec l'angoisse de ses concitoyens : « Il y a suffisamment de personnages ici, en France, qui ajoutent aux peurs pour ne pas en rajouter. Mais la meilleure façon d'apaiser les peurs, c'est de dire la vérité, qu'on arrête des apprentis terroristes ou des terroristes, et en même temps que le risque existe. » Et l'exécutif, au plan du verbe et de la communication, a bien l'intention de prendre en compte cette nouvelle donne.

Le climat y est particulièrement propice. Depuis les attentats de Paris, la France a vécu une série d'inquiétantes répliques, sous forme d'attaques avortées ou en partie déjouées.

D'abord, en avril 2015, à Villejuif, où un étudiant algérien, Sid Ahmed Ghlam, projetait de porter atteinte aux deux grandes églises de la ville. Aussi délirant que cela puisse paraître, l'apprenti djihadiste entendait frapper d'un seul coup les religions catholique et juive, à cause du nom de la commune… Équipé d'un arsenal d'armes de guerre, cet islamiste radical aura assassiné une jeune femme afin de lui dérober son véhicule. Puis, en juin 2015, c'est l'attentat de Saint-Quentin-Fallavier, perpétré par Yassin Salhi dans une usine de production de gaz. Si l'explosion n'a pas causé les dégâts escomptés par l'auteur, celui-ci s'en est pris à son patron, décapité avant l'attaque et exposé sous des drapeaux de l'État islamique. Enfin, en août, c'est le « miracle » du Bruxelles-Paris, où une tentative de carnage est déjouée par des passagers du train.

À quel point fallait-il, dans ce contexte anxiogène, communiquer sur les résultats des services, susceptibles de rassurer l'opinion quant à leur efficacité, mais tout autant de l'alarmer au vu de la gravité des dossiers traités ? Le gouvernement, confronté à la montée de cette menace nouvelle, a d'abord hésité : « Il y a toujours eu deux options. Soit en parler le moins possible, soit en parler en se disant que ça permet de sensibiliser les gens et de mettre un nom sur le phénomène. Et que le jour où arrivera l'attentat, le traumatisme sera inversement proportionnel puisque les gens auront été préparés. Mais cette option présentait un risque. Ça brasse tout de même des sujets qui, compte tenu de ce qu'on a à droite et à l'extrême droite, sont potentiellement incendiaires. Il ne fallait surtout pas susciter un mouvement de rejet de la communauté musulmane. »

Mais ces honorables préventions, peu à peu, vont céder le pas au désir de mettre en valeur les performances des services. Dans un premier temps, la place Beauvau et le gouvernement décident de communiquer sur le chiffre global des départs en Syrie. Après les attentats de janvier, ils vont plus largement rendre publiques, non seulement les tentatives d'attentat, mais également les attaques déjouées et les démantèlements d'équipes terroristes. « On s'est dit que la charge d'anxiété, après *Charlie*, était différente, et que communiquer sur les démantèlements avait tendance à rassurer», dit aujourd'hui un proche de Bernard Cazeneuve.

L'Intérieur décide donc de rendre publics les six dossiers dans lesquels la police estime avoir fait obstacle à des actions violentes d'envergure. Comme le cas du Français Lyes Darani, qui, revenu de Syrie en août 2013, est interpellé deux mois plus tard, détenteur de «supports informatiques relatifs à la fabrication d'un engin artisanal» explosif. Celui, aussi, du Franco-Algérien Ibrahim Boudina, lui aussi revenu de Syrie, et qui est interpellé en février 2014. Trois engins explosifs ont été découverts dans les parties communes de l'immeuble de son père, à Cannes. Puis, en juillet 2014, Mohamed Reda O. est à son tour intercepté : formé en Syrie, il avait été dépêché au Liban pour y commettre un attentat-suicide contre les chiites, avant de se rabattre sur la France. Le mois suivant, en août 2014, deux jeunes mineures sont interpellées : repérées, grâce à la loi antiterroriste de 2014, juste avant de partir en Syrie pour y rejoindre un Français de leur connaissance, elles en ont été fort contrariées. Au point d'envisager, «une action violente de type kamikaze ou à fusil de chasse dans le quartier juif de Lyon». Enfin, en septembre, une cellule de sept personnes, dirigée par les frères Karim et Reda Bekhaled, en banlieue lyonnaise, est démantelée alors qu'elle mettait au point un «projet d'action violente sur le territoire». Le groupe animait une filière d'acheminement de jeunes femmes vers la Syrie, au sein de laquelle agissaient trois membres de la fratrie Bekhaled. La police, dans l'appartement, trouvera une mineure de 13 ans.

De bonne guerre médiatique, les services ouvrent

donc leurs dossiers à l'opinion. « Beaucoup plus que le GIA des années 1990, les extrémistes palestiniens ou iraniens, les djihadistes d'aujourd'hui utilisent la communication comme une arme, insiste-t-on place Beauvau. Ils font ça pour faire peur. Et notre réponse, c'est qu'on n'a pas peur. La guerre contre le terrorisme est aussi une guerre de communication. » Laquelle peut aussi connaître quelques ratés et emballements.

Le cas du projet d'attaque, déjoué, d'un fort militaire à Port-Vendres, dans les Pyrénées-Orientales, va en fournir une éclairante illustration. Le 13 juillet 2015, quatre jeunes hommes, dont un ancien militaire, sont « tapés » par la DGSI. De source judiciaire, ceux-ci prévoyaient « assaut armé et décapitation filmée du commandant » de la base. Sans tarder, le ministre de l'Intérieur informe le chef de l'État, alors en déplacement à Marseille, de leur mise en garde à vue. Bernard Cazeneuve, qui s'est mis d'accord avec le procureur de la République, François Molins, pour conserver le secret absolu sur l'affaire, n'a prévu de s'exprimer que 48 heures plus tard. Quelques instants après, alors que le ministre est en train de prononcer un discours d'hommage, devant toutes les huiles policières, au pot de départ du préfet de police Bernard Boucaut, un journaliste appelle son staff : en marge de sa visite marseillaise, qu'il effectue avec son homologue mexicain Enrique Pena Nieto, le président vient de déclarer très officiellement que « des actes terroristes » avaient été déjoués « cette semaine »... François Hollande n'a pu s'empêcher de griller la politesse aux autorités compétentes pour soigner le tableau de chasse de la DGSI. Le procureur est furieux, le ministre interloqué. Depuis ce jour, Bernard Cazeneuve a d'ailleurs baptisé François Hollande d'un savoureux sobriquet : « Le Mexicain ». Peut-être autant en souvenir de cette journée que pour mettre en valeur la propension du président, comme dans un western, à dégainer le premier… Le principal intéressé, lui, assume : « Ne pas communiquer, c'est ne pas saluer le travail du renseignement. C'est un doute qu'on ne peut laisser transpirer. Si on pense que notre système de renseignement n'est pas efficace, c'est grave. Et s'il est efficace, il faut le montrer. »

L'anecdote est éclairante quant à la mise en scène de l'action publique face au djihad qu'a choisi de développer l'exécutif, et au problème de fond qui lui est posé. Comment convaincre de l'efficacité des politiques conduites ? Un cadre de Beauvau, qui rappelle que depuis janvier plus de 80 individus ont été placés en garde à vue dans le cadre d'enquêtes sur les filières syriennes sans que soit publié le moindre communiqué de presse, en est persuadé : « Six attentats déjoués, c'est une mauvaise mesure : en réalité, l'action de l'État, c'est 64 infos judiciaires concernant 800 personnes, dont la moitié est en Syrie et en Irak, 329 interpellés et 132 incarcérés. » Une statistique, pourtant, ne vaudra jamais une belle affaire policière. Laquelle se révélerait de peu de poids si d'aventure l'un des milliers de suspects suivis par les services passait entre les mailles du filet. « Bien sûr qu'on sera tapé et que ça va être horrible, poursuit cette source. C'est la difficulté rhétorique dans laquelle on se trouve : il nous est interdit de tenir publiquement ce discours fataliste, et nous devons montrer que nous sommes en ordre de bataille, déterminés. Mais, en même temps, nous avons du mal à croire que nous pourrons éviter un nouvel attentat… »

« Leur rhétorique est extrêmement martiale, aussi bien dans les opérations intérieures que dans les opex, confirme un officier. En termes de communication, ils vendent bien leur affaire. Un peu trop, même. Ils sont allés loin, beaucoup plus loin que ce qu'aurait pu se permettre un gouvernement de droite. » Qu'est donc devenu le quinquennat de François Hollande ? Où sont passées les prudences technocratiques initiales dans l'expression d'une ligne sociale-démocrate douce, ménageant rigueur budgétaire et promesse de redistribution ultérieure ? Force est de constater qu'elles se sont depuis longtemps effacées au profit d'un vocable guerrier toujours plus radical. Le « redressement dans la justice » est oublié, la « guerre contre le terrorisme » s'est installée. Le « président normal » s'est transformé en président martial. Les socialistes, depuis, usent et abusent d'une rhétorique mêlant dimensions sécuritaire et morale, à l'américaine. La guerre au djihad français est désormais livrée dans les mêmes termes que celle qui le fut « contre le terrorisme » au Nord Mali, en janvier 2013. Celle-ci avait été l'occasion d'un premier emprunt de François Hollande à la rhétorique de George W. Bush. Puis, très vite, il fut question de « détruire » lesdits terroristes. Voire de les « liquider », comme l'explique alors son ministre de la Défense, Jean-Yves Le Drian, ou de les « éradiquer ». Certains esprits mal intentionnés n'avaient alors pas manqué d'y voir une version à peine plus policée de la menace lancée, en 1999, par Vladimir Poutine aux « terroristes » tchétchènes, de les « buter jusque dans les chiottes »…

Le hollandisme, bien sûr, n'a que peu à voir avec le bushisme, même si le quinquennat, entre opérations extérieures à foison, législation avantageuse pour les services de renseignement et recours à l'armée pour protéger le territoire, s'est singulièrement durci. L'escalade lexicale est pourtant incontestable. Les mots du président et de ses ministres les plus faucons, Valls, Le Drian, Cazeneuve, sont, de façon durable, ceux d'une « France en guerre », répétait encore le Premier ministre lors de son discours post-attentats, au Palais-Bourbon, le 13 janvier. D'un socialisme sous tension permanente. Et depuis les tueries de *Charlie Hebdo* et de l'Hypercacher, chaque attentat, tentative ou arrestation a été l'occasion d'un pas supplémentaire.

En juin, Manuel Valls évoquait ainsi « une guerre de civilisation », démentant certes toute « guerre entre l'Occident et l'islam » et veillant à user du singulier. Autant de précautions qui n'ont pas suffi à écarter l'ombre du « choc des civilisations » théorisé par Samuel Huntington. Avant que François Hollande, s'adressant aux sauveurs du Thalys, ne ressuscite l'« axe du mal » bushiste… Les responsables de la majorité et de l'exécutif ont eu beau démentir, et à grands cris, toute parenté entre la loi sur le renseignement et le *Patriot Act* américain, il est clair que l'Élysée de l'après-11 janvier arbore comme un air de famille avec la Maison Blanche de l'après-11 Septembre.

« Toute cette rhétorique est désastreuse, soupire un conseiller ministériel. La guerre des civilisations, le bien et le mal, ça ne me met pas du tout à l'aise. Ça ne correspond pas à notre corpus car très irritant pour un tas de gens, de confession musulmane ou de gauche. Chez les socialistes, le bien et le mal, ça fait dégueuler. On peut être très dur sans se placer sur le terrain des néo-cons, et en utilisant des mots de gauche. » Et de fait, entre les sociaux-démocrates français du début du XXIe siècle et les néo-conservateurs américains, version après-11 Septembre, il devient difficile de situer le curseur de l'action de l'exécutif français. Le secrétaire d'État aux transports, Alain Vidalies, pourtant peu suspect d'inclinations répressives et classé très à gauche sur l'échelle du PS, n'a-t-il pas lui-même expliqué « préférer qu'on discrimine effectivement pour être efficaces plutôt que de rester spectateurs » ? Comme si, après l'affaire du Thalys, tous les verrous socialistes avaient sauté. La tranquille social-démocratie hollandaise s'est bel et bien transformée, à l'épreuve du pouvoir et du terrorisme, en gauche sécuritaro-militaire.

Ironie de l'histoire : à l'époque où il était premier secrétaire du parti socialiste, François Hollande était souvent brossé par ses adversaires et rivaux en Guy Mollet des temps modernes. Une référence à l'ancien secrétaire général de la SFIO qui, par son immobilisme désidéologisé et ses relations avec les grands barons et les fédérations historiques du PS, se maintint en poste pendant un quart de siècle, de 1946 à 1969. Cette peu flatteuse comparaison partisane pourrait également valoir en matière d'exercice du pouvoir. Président du Conseil, sous la IVe République, de 1956 à 1957, Guy Mollet s'était engagé dans une politique répressive en Algérie, s'assurant de pouvoirs spéciaux et doublant les effectifs militaires déployés sur place en quelques mois, puis avait engagé la France auprès d'Israël et au Royaume-Uni lors de l'expédition militaire de Suez, en 1956.

Mollet-Hollande, mêmes combats ? François Hollande, bien sûr, réfute la comparaison : « Sous Guy Mollet, il y avait eu des atteintes aux droits fondamentaux en Algérie, les pleins pouvoirs à l'armée pour mener des actions contre des insurgés qu'on appelait des terroristes, et la torture ainsi que la peine de mort. Nous ne sommes pas dans la même situation, ni dans le même contexte. J'attends que l'on me dise que la gauche aurait manqué à un principe fondamental de la République. Je ne l'aurais pas laissée faire. Ce serait le meilleur service à rendre aux terroristes que de laisser faire cela. »

Le hollandisme antiterroriste n'est certes pas le molletisme de guerre. Parce que son ennemi est d'une autre nature et que le degré de répression n'est en rien comparable. Mais le djihad français a incontestablement fait dévier le quinquennat de sa route. Un officier, aux sympathies plutôt droitières, le constate : « Dans la matrice idéologique des socialistes, il y a toujours une réticence à afficher comme priorité la dimension militaire. Pour le grand public de gauche, ce ne sont pas forcément des choses qu'on peut mettre en avant. Mais Hollande a joué, voire surjoué le chef de guerre, le commandant en chef des armées, sans le faire assumer jusqu'au bout par son propre camp. » Déploiement des militaires sur le territoire national, loi facilitant la recherche de renseignements tous azimuts, communication décomplexée sur les résultats des services et verbe belliqueux : le président se trouve, à la fin de son mandat, fort éloigné des canons idéologiques de la gauche, et de la trajectoire politique que, dans le costume du candidat, il avait anticipée en 2012. Même ce ministre doit en convenir : « La gauche, c'est devenu le libéralisme économique, le maintien de l'ordre par l'armée et la surveillance des libertés individuelles… »

ÉPILOGUE

La dernière bataille

François Hollande, une fois encore, a déclenché les hostilités. Dans la nuit du 26 au 27 septembre 2015, les forces françaises, pour la première fois, ont « tapé » l'État islamique sur le sol syrien. Cinq Rafale et un Atlantique 2 pour la surveillance, flanqués d'un ravitailleur, ont décollé des bases françaises en Jordanie et aux Émirats. Un peu plus tard, trois Rafale ont délivré neuf bombes GBU à guidage laser à une centaine de kilomètres de Deir ez-Zor, sur un camp d'entraînement de Daech abritant des *foreign fighters*, et notamment des combattants français. La chasse française, conformément aux préoccupations américaines, a frappé avec précaution, afin de ne pas toucher aux infrastructures, ponts, conduites d'eau et d'électricité. Elle a également pris soin d'éviter d'atteindre, à proximité de la cible, un site agricole. Deux ans après avoir renoncé à bombarder Bachar, c'est à un autre ennemi que s'attaque la France sur les bords de l'Euphrate.

Spectaculaire changement de stratégie : depuis deux ans, François Hollande s'était toujours refusé à frapper l'État islamique en Syrie. Pas question, en affaiblissant

Daech, de renforcer le régime baasiste. C'est la position soutenue bec et ongles par Laurent Fabius : « Qui frappe Daech conforte Bachar, conforte le Hezbollah, conforte l'Iran. » Jean-Yves Le Drian, lui, plaide au contraire depuis le départ pour une participation « pleine et entière » à la coalition qui opère contre l'État islamique en Syrie, la chasse française frappant déjà en Irak dans ce cadre depuis août 2014. « Nous ne pouvons pas être absents des combats précisément là où des jeunes Français partent se former au djihad », prêche depuis des mois le ministre de la Défense. Dans le désert : si le débat, au sein de l'exécutif, est récurrent depuis la tentative avortée de frappes contre le régime syrien, en août 2013, il a jusqu'ici été arbitré en faveur de la position du Quai d'Orsay. Au début de l'été, Jean-Yves Le Drian pose à nouveau la question à François Hollande : ne faut-il pas opérer des vols de renseignement au-dessus de la Syrie afin de densifier les « dossiers d'objectifs » ? La réponse du chef de l'État, à cet instant, demeure négative.

L'été, néanmoins, va porter conseil à François Hollande. Quelques semaines plus tard, tout a changé. Il l'annonce au conseil des ministres de reprise, le 19 août, après trois semaines d'interruption estivale : « Il faut changer de stratégie en Syrie. » Pourquoi un tel revirement ? Parce que la Défense a constaté, au cours des dernières semaines, un net affaiblissement des capacités militaires du régime syrien, avec pour conséquence l'hypothèse d'une extension des zones contrôlées par Daech. Parce que l'accélération de l'arrivée massive de centaines de milliers de « migrants », dont nombre de Syriens et d'Irakiens, déstabilise l'Europe et la France. Mais aussi et surtout parce que l'attentat raté du Thalys, le 21 août, a confirmé ce que ne cessent de signaler les services de renseignement ces dernières semaines : le lien croissant entre l'activité de Daech en Syrie et les tentatives d'attentats déjouées sur le territoire national. C'est le cas à l'usine de Saint-Quentin, dans l'Isère, « clairement inspirées par la campagne médiatique de l'EI, qui met régulièrement en scène des exécutions barbares ». C'est le cas, encore, de l'attaque déjouée à Villejuif, qui « semble indiquer, quant à elle, que certains djihadistes français présents en zone irako-syrienne utilisent les dispositions violentes d'individus au sein de la mouvance radicale métropolitaine pour susciter et soutenir des passages à l'acte ». C'est le cas, toujours, du projet d'assaut contre le centre militaire de Port-Vendres, inspiré par des « éléments reliés au djihad syrien » : les contacts ont d'ailleurs été reconnus par l'un des protagonistes, on a retrouvé dans leurs affaires une carte routière pour s'y rendre, un testament. C'est le cas, enfin, de l'attentat raté du Thalys. Autant de preuves d'une « nouvelle stratégie mise en œuvre par l'État islamique ».

D'après les services, certains combattants « étrangers pourraient avoir été missionnés par l'organisation terroriste pour recruter des volontaires dans leur pays d'origine dans le but de leur faire exécuter des attentats sur place ». Une hypothèse que valide la stratégie de défense commune à tous les mis en cause dans ces attaques qui, devant les enquêteurs français, nient en bloc toute velléité terroriste. Le renseignement français s'inquiète par ailleurs du « conditionnement idéologique subi par certains enfants actuellement présents en Syrie », ce qui « pourrait augurer d'une menace terroriste accrue dans un proche avenir ».

Et précise que le risque d'attentats susceptibles d'être commis, en France, par des nationaux de retour de Syrie « demeure élevé ». Une vidéo de propagande djihadiste datant de juillet est ainsi évoquée. On peut y voir une exécution d'otage et y entendre une menace, en langue française, lancée à « tous les Français faisant la guerre à Allah ».

Il s'agit donc, désormais, de « légitime défense », et c'est d'ailleurs l'argument juridique qui sera brandi devant la communauté internationale. « Là, tout le monde s'est réveillé », note une source à la Défense. Avec cependant un problème d'importance : l'absence de dossiers de « ciblage » permettant de mettre en œuvre d'éventuels bombardements. Jean-Yves Le Drian s'en ouvre à François Hollande : « Si tu m'avais commandé une frappe pour répliquer au Thalys, je n'aurais pas été capable d'y répondre ! Il y a deux ans, nous avions des dossiers d'objectifs à jour. Aujourd'hui, nous sommes aveugles sur le territoire syrien. » D'autant plus que, dans l'intervalle, les rapports de force militaires sur le terrain y ont radicalement changé. Fin août s'opère donc la prise de conscience présidentielle.

Lors de sa conférence de presse du 7 septembre, François Hollande confirme l'existence de vols de reconnaissance dans le ciel syrien, eux-mêmes annonciateurs de frappes ultérieures. Celles-ci, initialement, n'étaient pas prévues avant plusieurs semaines. Mais la France va subitement accélérer, pour des raisons diplomatiques, cette fois.

Le conseil de défense restreint prévu à l'Élysée est ainsi avancé au jeudi 24 septembre. Le même jour, les militaires français ont constaté « un raid test très conséquent des

Russes avec douze avions au-dessus d'Alep », selon un haut gradé, et ont même pensé que les premiers bombardements russes allaient être effectués à cet instant. Pour le ministre des Affaires étrangères, comme pour le président, pas question de se faire doubler par Moscou. Il s'agit désormais de frapper avant les Russes afin d'arriver en position avantageuse à l'Assemblée générale de l'ONU, qui doit se tenir quelques jours plus tard à New York. Laurent Fabius, qui, depuis des mois, tente inlassablement de dissuader ses collègues de rejoindre la coalition agissant en Syrie, prend Le Drian à part : « Alors, quand frappes-tu ? » La donne a changé. La France bombardera en Syrie pour éliminer une menace directe, mais tout autant pour soigner son profil diplomatique. Heureusement que le général Didier Castres, le patron des opérations à l'état-major, avait préparé en urgence quelques dossiers d'objectifs... Pour la galerie, l'armée de l'air fournira aimablement aux télévisions des images du décollage des Rafale. Mais pas davantage : les autres plans des chasseurs en vol ou en ravitaillement sont des images d'archives. Vingt-quatre heures après les frappes, François Hollande fera valoir à la tribune de l'ONU la position française face à un Vladimir Poutine qui engage bientôt, lui aussi, son aviation pour soutenir... Bachar el-Assad et propose la création d'une coalition autour du dictateur syrien. Les opérations militaires au service du rapport de force diplomatique, toujours...

Le président, après avoir décidé cette nouvelle opération, en recueillera-t-il les bénéfices politiques ? Plus largement, le costume du chef des armées lui évitera-t-il cette cuisante défaite que beaucoup lui promettent dans la perspective de la présidentielle de 2017 ? Quelques jours après les frappes, en un étonnant télescopage, deux sondages vont à quelques heures d'intervalle résumer l'impossible équation. Selon le premier, réalisé par ELAB, 67 % des sondés approuvaient la décision présidentielle de frapper en Syrie. À en croire le second, produit par l'IFOP, seuls 22 % des interrogés se déclaraient favorables à sa candidature en 2017, alors que 78 % d'entre eux la rejetaient. L'opinion approuverait ainsi le chef de guerre, mais rejetterait toujours autant le chef de l'État…

Au moment où il aborde le dernier tiers de son mandat et songe de plus en plus à la suite électorale, ses nombreuses opérations extérieures, de même que les dispositifs de lutte contre le terrorisme intérieur, l'ont certes renforcé. Elles ont même, pour le chef de l'État de la Ve République qui a déclenché le plus d'opérations extérieures dans le plus court laps de temps, constitué les rares moments de présidentialité incontestée du quinquennat. Mais les opex et les coups d'éclat diplomatiques n'ont jamais assuré une réélection. Et le président ne réinvestira pas l'Élysée aussi facilement que ses paras ont sauté sur Tombouctou.

« Il peut gagner toutes les guerres sur le front international, la seule qui importe aux gens, c'est celle du chômage, estime un diplomate. Et c'est sans doute celle sur laquelle il perdra le scrutin. » Aucune frappe de Rafale, aucun démantèlement d'équipe djihadiste ne saurait effacer sa promesse jusqu'ici non tenue d'inverser la courbe du chômage. François Hollande, qui connaît son histoire politique, ne se fait sur ce point aucune illusion : « Je n'ai pas vu de présidentielle se faire sur l'international », rappelle-t-il, égrenant la geste électorale de ses prédécesseurs : de Gaulle frappé par Mai 68 en dépit d'une politique étrangère incontestée et qui fera modèle ; Giscard, décisionnaire de nombre d'interventions armées mais « battu à cause de la crise » en 1981 ; Mitterrand, qui n'a pas été « réélu pour son action au Liban » en 1988. Pour leur successeur, la conclusion s'impose : « Cela ne fait pas l'élection. Cela fait le statut présidentiel, ce qui n'est pas la même chose. Les Français se regardent à travers le président dans le rapport qu'il entretient avec le monde. Mais ce n'est pas pour cette raison-là qu'ils le confirment. » François Hollande, on le voit, est parfaitement conscient du faible bénéfice politique qu'il pourrait tirer, au cours de la campagne présidentielle de 2017, de ses résultats diplomatiques et militaires. Mais il sait aussi que tout écart sur ce terrain-là pourrait se révéler fatal. « Cela peut être déterminant. Une faute peut coûter cher. Il ne faut pas en faire », insiste le chef de l'État.

Car la guerre présente ses aléas. Fût-elle jouée avec détermination et professionnalisme, cette carte-là présente un énorme risque politique. Comme au poker, « chaque jour, vous faites tapis », rappelle un ancien conseiller à l'Élysée. Le djihad français a entraîné le pouvoir socialiste dans un jeu sécuritaire à quitte ou double, qui peut à tout moment lui éclater à nouveau au visage. Avec des conséquences politiques ravageuses pour lui, cette fois. La formule est désormais bien rodée, que rappelle Manuel Valls : « Le problème n'est pas de savoir s'il va y avoir un attentat, mais quand et où. » Et la polémique sur la responsabilité, ou l'irresponsabilité, du pouvoir ne manquerait pas de rebondir en cas de faille avérée dans l'activité des services.

Conforme en cela à sa réputation d'éternel optimiste politique, François Hollande, s'il envisage l'hypothèse, ne la croit pas déterminante pour l'élection présidentielle. « Il est possible qu'il y ait d'autres actes terroristes d'ici 2017, même si nous mettons tout en œuvre pour les éviter. Mais je ne pense pas qu'un acte terroriste puisse bouleverser un rapport politique. S'il y avait un défaut de protection, une faille dans la sécurité, un manquement du renseignement, ce serait un sujet, immédiatement. Mais si l'on a montré toutes les préventions nécessaires, cela évite d'être contesté. C'est la première fois depuis très longtemps que la gauche n'est pas attaquée sur le terrain de la sécurité, son supposé laxisme, sa naïveté, son angélisme. » Le président et sa légion gouvernementale sont d'ores et déjà sur le champ de bataille, prêts à défendre sans complexe et sans remords leur bilan sécuritaire. Bernard Cazeneuve : « Ne rien faire pour combattre le terrorisme lorsqu'il nous frappe, c'est ça être de gauche ? Ou bien sauver la République atteinte dans ses fondements quand on attaque des policiers, des journalistes, des juifs ? Que l'on relise Jaurès et Mendès. La France n'a déclaré la guerre à personne. Les terroristes ont déclaré la guerre à l'humanité. » Michel Sapin : « Sur ce front-là, si la gauche laisse le moindre interstice, elle sera défoncée. Ce front doit être bétonné. Et il l'est. »

Au gouvernement, personne n'en doute : si la question économique et sociale demeure aiguë et que les électeurs feront d'abord payer au président sortant l'addition sur ce terrain-là, le terrorisme constituera l'un des terrains majeurs de l'affrontement de 2017. « La double menace intérieure et extérieure change la nature de l'agenda politique », observe Manuel Valls. Car les principaux adversaires auxquels pourrait se mesurer François Hollande, s'il était candidat – ce qui ne fait guère de doute – s'empareront du fait terroriste pour chasser sans vergogne beaucoup plus loin, sur les terres de l'islam et de l'immigration. Marine Le Pen par nature. Nicolas Sarkozy par stratégie, et parce que son propre bilan, sur le terrain économique, n'est pas si brillant.

« L'esprit du 11 janvier », de toute évidence, ne soufflera pas sur la prochaine présidentielle. Au jeu politique de la menace, le président et ses faucons pourront-ils l'emporter ? Quoi qu'il en soit, tous s'attendent, sur ces terrains risqués, à une campagne sale, à une confrontation violente. « La lutte contre le terrorisme, c'est aussi tout cela. Se battre contre ceux qui veulent nous frapper, mais aussi contre toutes ces approximations et amalgames qui créent ce climat dans le pays », estime Bernard Cazeneuve. François Hollande, lui, l'avait déjà anticipé, quelques jours après le 11 janvier : cette course à l'extrême pourrait lui ouvrir un espoir d'horizon politique, voire électoral, qui semblait dans la première partie du quinquennat sérieusement bouché.

Le président en est persuadé : il lui reste une petite chance. Sa méthode de la synthèse, son art du compromis, son obsession du rassemblement pourraient constituer une offre politique crédible et concurrentielle face à la féroce compétition qui opposera Nicolas Sarkozy et Marine Le Pen pour attirer les électeurs de la droite extrême et de l'extrême droite. Et lui permettre de ratisser non seulement à gauche, mais au centre, afin de se qualifier pour un deuxième tour qui semble difficilement atteignable aujourd'hui. C'est la posture que François Hollande envisage d'adopter : un chef de guerre aux commandes de l'antiterrorisme doublé d'un père rassembleur de la nation, à la manière de François Mitterrand en 1988 et Jacques Chirac en 2002. Le président a parfaitement anticipé le jeu de l'adversaire. « Ce qui va être remis en scène, c'est ce que signifie le terrorisme, ce qu'il révèle, prédit-il. Certains à droite et à l'extrême-droite vont installer le débat sur l'ennemi intérieur, la cinquième colonne, la suspicion à l'égard de l'islam et de l'immigration. La situation profite à tous les tenants de la peur, tous les exploiteurs de l'angoisse et de l'inquiétude. Et l'alternative, c'est le désordre, la rupture ou la fuite en avant. »

La formule claque comme un slogan de campagne : en substance, le soldat Hollande mène des opex démocratiques et un combat antiterroriste propre, et cela vaut mieux qu'une inquiétante « fuite en avant » dont on ne sait où elle pourrait mener la démocratie. Il n'est pas certain que ces arguments suffisent dans le climat, qui s'annonce tendu, de la bataille de 2017. Manuel Valls, lui, veut y croire : « Un espace existe, celui de la raison, du rassemblement, de l'autorité, de la République, du progrès, même si ce discours est plus difficile à faire passer. Un espace qui devra être tenu dans l'élection présidentielle. Le problème, c'est l'étendue de cet espace : quelle place occupe-t-il ? S'il tient cet espace, le président sera au second tour. »

La stratégie paraît d'autant plus difficile à tenir qu'elle s'appliquera à une mêlée furieuse. « Effectivement, il y a un risque, convient Bernard Cazeneuve. On ne peut le nier.

Il y a une force brutale du populisme, dans le mensonge, la simplification, la manipulation. Il y a sur le terrorisme un vacarme, qui rend tout inaudible. Une parole rationnelle peut-elle être plus forte que l'outrance ? Dans la lutte contre le terrorisme, oui. Dans un combat électoral, cela dépendra de tous les autres sujets, de tous les autres résultats que nous aurons obtenus. » Sur le chômage, la croissance, les déficits, le logement ou la santé, entre autres, le bilan du président sortant ne sera sans doute pas si flamboyant qu'il emporte sur son passage l'adhésion nécessaire pour le hisser au second tour. Ces combats-là sont sans doute déjà perdus. Quant à ses guerres, elles constitueront sans doute son atout majeur. Mais il n'est pas certain qu'elles suffisent à sauver le soldat Hollande.

Remerciements

À François Hollande, Manuel Valls, Jean-Yves Le Drian et Bernard Cazeneuve, pour m'avoir reçu.

À toutes celles et ceux qui, à couvert ou à découvert, m'ont patiemment répondu.

À mes parents, à Sylvie, à Thomas et, bien sûr, à Koura, pour m'avoir soutenu et/ou relu.

Table

RÉALISATION : PAO ÉDITIONS DU SEUIL
IMPRESSION : CPI FRANCE
DÉPÔT LÉGAL : NOVEMBRE 2015. N° 122293 (130680)
Imprimé en France